인문학과 손잡은
영어 공부
2

인문학과 손잡은 영어 공부

2

강준만 지음

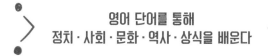

영어 단어를 통해
정치·사회·문화·역사·상식을 배운다

인물과
사상사

●

'성공'이 '인격'마저
결정하는가?

character는 "특성, 인격, 문자"를 뜻한다. 고대 로마의 장인들은 활자를 도장처럼 찍을 수 있는 금속 도구를 만드는 데에 탁월한 재능을 보였다. 이는 프랑스를 거쳐 영국으로 수입되었는데, character로 불렸다. 중세 법원은 이 도구를 응징과 처벌의 수단, 즉 낙인烙印으로 활용했다. 간통Adultery을 저지른 사람에겐 A라는 낙인을, 살인자 Murderer에겐 M이라는 낙인을, 도둑Thief에겐 T라는 낙인을 찍는 방식이었다.

그런 낙인이 찍힌 사람은 평생 그 낙인을 안고 살아야 했다. 어떤 사람에게 낙인, 즉 character가 있느냐 없느냐, 있다면 어떤 character냐 하는 건 곧 그 사람의 인격이나 사람 됨됨이를 말해주는 것이기도 했다 16세기경 바로 여기서 character에 새로운 뜻이 부가되었으니, 그게 바로 "인격, 특성"이다.[1]

Leadership is always about character, a formidable and protean word with twenty-six definitions in the 『American Heritage Dictionary』 Fourth Edition(리더십은 늘 『아메리칸 헤리티지 사전』에 26가지 의미로 정의되어 있는, 만만치 않거니와 변화무쌍한 단어인 성격에 관한 것이다).[2] 미국의 리더십 전문가 워런 베니스Warren G. Bennis, 1925~2014와 로버트 토머스Robert J. Thomas가 『시대와 리더십』(2002)에서 한 말이다.

이 말이 시사하듯이, character는 영어권에서도 혼란스러운 단어인지라 번역이 영 쉽지 않다. 국내에선 성격, 인격, 품성, 인간성 등 다양하게 번역하고 있는데, 맥락에 따라 더 어울리는 번역이 있기 때문에 어느 한 가지로 통일하긴 어려울 것 같다.

특히 personality와 혼동하는 경우가 잦다. 미국 사회학자 리처드 세넷Richard Sennett, 1943~은 "character는 근세 들어 생긴 비슷한 뜻의 personality보다 더 포괄적인 용어라고 할 수 있다"고 했는데,[3] 영어권에서건 한국에서건 character와 personality의 혼동이 매우 심해 그걸 굳이 구분하는 게 무슨 의미가 있을까 싶을 정도다. 언론인 배명복의 다음과 같은 구분과 설명이 무난하지 않을까 싶다.

"학창 시절 캐릭터character는 성격, 퍼스낼리티personality는 인성으로 알고 외웠지만 정확히 그 차이를 몰랐다. 하긴 미국이나 영국 사람들도 둘을 구분하지 않고 대충 섞어서 쓰는 모양이다. 구글링을 해서 찾아봤더니 정직성, 책임감, 성실성, 용기처럼 시간이 지나도 변치 않는 인간의 내면적 특질이 캐릭터라면 퍼스낼리티는 겉으로 드러난 성향을 가리키는 것으로 돼 있다. 수줍음이 많다든가, 유머 감각이 풍부하다든가 하는 것은 퍼스낼리티에 해당한다는 것이다. 굳이 구분하자면 성격은 퍼스낼리티, 인품은 캐릭터, 두 가지를 합한 것은 인성 아닐까 싶다."[4]

I have often thought that the best way to define a man's character would be to seek out the particular mental or moral attitude in which when it came upon him, he felt himself most deeply and intensively active and alive. At such moments, there is a voice inside which speaks and says, 'The is the real me.'(나는 한 인간의 성격을 정의하는 최상의 방법이 그가 강렬하게 느끼는 특정한 정신적 또는 윤리적 태도를 살펴보는 것이라고 생각한다. 그 순간에 내면의 목소리는 '이것이 진정한 내 모습이다'고 말한다).[5] 미국 철학자이자 심리학자인 윌리엄 제임스William James, 1842~1910의 말이다.

There are times when I look over the various parts of my character with perplexity. I recognize that I am made up of several persons and that the person that at the moment has the upper hand will inevitably give place to another. But which is the real one? All of them or none(때로는 내 인격의 여러 부분을 살펴보면서 매우 당황하지 않을 수 없다. 내 안에 여러 인격이 있으며, 어느 순간에는 한 인격이 우위를 점하다가 다음 순간에는 다른 인격에게 자리를 넘긴다는 사실은 잘 알고 있다. 하지만 어느 인격이 진짜 나인가? 전부 다인가, 아니면 어느 것도 아닌가)?[6] 영국 작가 W. 서머싯 몸W. Somerset Maugham, 1874~1965의 말이다.

Any science that does not use character as a basic idea will never be accepted as a useful account of human action. So I believe that the time has come to resurrect character as a central concept to the scientific study of human behavior(기본적으로 품성을 전제하지 않는 학문은 결코 인간 행동을 제대로 설명하는 이론으로 인정받지 못할 것이다. 나는 바야흐로 품성을 인간 행동을 연구하는 학문의 핵심 개념으로 부활시킬 때가 되었다고 믿는다).[7] 미국 펜실베이니아대학의 긍정 심리학자 마틴 셀리그먼Martin E. P. Seligman, 1942~이 『긍정 심리학Authentic Happiness』(2004)에서 한 말이다.

The meaning of the word "character" changes. It is used less to describe traits like selflessness, generosity, self-sacrifice, and other qualities that sometimes make worldly success less likely. It is instead used to describe traits like self-control, grit, resilience, and tenacity, qualities that make worldly success more likely('인격'이라는 단어의 의미가 변화하고 있다. 자신을 돌보지 않는 이타심, 관대함, 자기희생을 비롯해 세속적으로 성공할 확률을 줄이는 특성들을 묘사하는 데 인격이라는 단어가 사용되는 빈도가 줄어든다. 대신 극기, 투지, 탄력성, 끈기 등 세속적 성공 확률을 높이는 특성과 관련되어 쓰이는 경우가 많아진다).[8]

미국 언론인 데이비드 브룩스David Brooks, 1961~가 『인간의 품격The Road to Character』(2015)에서 한 말이다. 잘 음미해보면 사실 무서운 이야기다. 과거엔 성공하진 못했어도 인격의 우위를 가질 수 있었지만, 이젠 성공하지 못하면 인격마저 부실한 것으로 여겨질 수 있다는 게 아닌가 말이다.

이상은 이 책 『인문학과 손잡은 영어 공부 2』의 한 샘플로 쓴 것이다. 이런 식으로 쓰인 35가지의 이야기를 담고 있는 이 책은 『교양

영어사전』(2012), 『교양영어사전 2』(2013), 『인문학은 언어에서 태어났다: 재미있는 영어 인문학 이야기』(2014), 『재미있는 영어 인문학 이야기 1』(2015), 『재미있는 영어 인문학 이야기 2』(2015), 『재미있는 영어 인문학 이야기 3』(2015), 『재미있는 영어 인문학 이야기 4』(2016), 『인문학과 손잡은 영어 공부 1』(2024)에 이어 내놓는 이 분야의 9번째 책이다. 앞으론 계속 『인문학과 손잡은 영어 공부』라는 제목의 시리즈로 매월 아니면 적어도 격월로 독자들을 찾아뵐 생각이다.

2017년 대선 선 진보 교육계의 주요 인사들이 모인 간담회에서 어느 진보적 교육 평론가는 차기 정부에서 영어 교육 내실화를 주요한 목표로 삼아야 한다고 역설했다. 그러자 한 학부모 단체의 대표가 정색하면서 이렇게 말했다고 한다. "영어가 필요 없는 나라를 만들어야죠!" 난센스다! 그런 나라는 가능하지도 않거니와 바람직하지도 않기 때문이다.

이 교육 평론가는 그간 공교육만으로도 영어를 잘할 수 있다는 주장을 해왔는데, 그럴 때마다 진보 교육계 인사들은 종종 '교육이 중산층의 계층 상승 욕망에 휘둘리면 안 된다'며 손사래 쳤다고 한다. 이 평론가는 묻는다. "왜 이럴까? 영어를 잘하게 되면 특정 계층만 수혜를 입는 것도 아닌데 말이다." 그는 그간 진보 진영을 지배해온 '낭만적 공동체주의'의 한계와 문제를 지적하면서 다음과 같은 결론을 내린다.

"영어는 경제적 가치뿐만 아니라 기후 위기와 권위주의에 대응하는 세계 시민 교육을 위해서도 중요하다. 교집합을 포착하고 이를 넓히려는 노력이 필요하다. '영어가 필요 없는 나라'에서 벗어나 '영어 잘하는 세계시민'의 기치를 세우는 것, 이것이 진정한 혁신일 것이다."

진보 진영의 뿌리 깊은 미신에 도전해 새로운 비전을 제시한 이 주장에 지지와 더불어 경의를 표하고 싶다. 교육 평론가 이범이 『경향신문』(2022년 3월 19일)에 기고한 「영어가 필요 없는 나라?」라는 칼럼의 핵심 내용을 소개한 것이니, 관심 있는 분들께선 이 칼럼의 전문을 찾아 읽어보시기 바란다.

이미 제1권에서 말씀드렸다시피, 나는 영어 공부를 인문·사회과학적 지식이나 교양과 접목하는 게 꼭 필요하다고 생각한다. 그래야 영어 공부의 필요성과 중요성을 더욱 당당하고 설득력 있게 논하고 전파할 수 있다고 보기 때문이다. 예컨대, 이 머리말에서 시도한 것처럼 영어 공부도 하면서 '성공'이 '인격'마저 결정하는 세태에 대한 문제의식도 음미하는 기회를 누려보자는 것이다. 인문학과 손잡은 영어 공부의 필요성에 독자 여러분들이 공감해주기를 바라마지 않는다.

2024년 3월
강준만

차 례

제1장

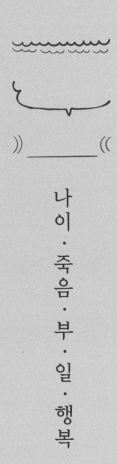

나이 · 죽음 · 부 · 일 · 행복

'나이 드는 것'과 '철이 드는 것'의 차이

How pleasant is the day when we give up striving to be young—or slender(젊어지려고 하거나 날씬해지려고 애쓰지 않으면 즐겁게 살 수 있다).[1] 미국 철학자이자 심리학자인 윌리엄 제임스William James, 1842~1910의 말이다.

좋은 말이긴 하지만, 세월이 흐를수록 그렇게 생각하지 않는 사람이 많아졌다. 2000년대 들어 활발하게 전개되고 있는 anti-aging movement(안티에이징 운동)는 노화老化에 도전하고 나섰다. 안티에이징이란 생명체가 노화하여 수명이 다해 죽음에 이르는 일을 의과학 기술을 통해 방지하고자 하는 일련의 노력으

로, 특히 인체의 노화를 지연시키거나, 멈추게 해서 현상 유지하거나, 혹은 역전시켜 젊은 상태로 되돌린다는 개념이다.[2]

이어 down-aging(다운에이징)이란 말이 등장했다. 젊어 보이고 싶거나 어린 시절로 되돌아가고 싶은 욕망을 표현하는 연령 파괴 현상을 이르는 말이다. 처음엔 자신의 나이보다 어려 보이는 외모를 갖고 싶어 하는 소비자들의 기능성 화장품을 선호하는 현상을 지칭했던 말로 쓰였지만, 2013년경부터 젊고 아름답게 살기 위해 시간과 비용의 투자를 아끼지 않는 '젊은 중년' 소비자들이 증가하면서 이들의 소비 행태 전반을 이르는 말로 쓰였다.[3]

반면 정반대 현상인 age compression(나이 압축)도 동시에 나타났다. 아이들이 실제 연령보다 더 나이 들어 보이게 옷을 입고 행동하기를 기대하는 현상을 가리키는 말이다. 미국에선 2000년대 들어 아기용 스틸레토stiletto(굽이 뾰족한 하이힐), 유아를 위한 브래지어 세트 등의 상품이 등장했다. 이런 상황에서 10대가 되기 전이나 막 10대에 접어든 아이들의 성적 조숙함이 문제로 부각되었으며, 미국심리학회는 2007년 소녀들의 성애화를 다룬 보고서에서 대중매체와 광고 등을 요인으로 꼽았다.[4]

인구 통계학적 변화와 고령화에 초점을 맞춘 글로벌 전략 연구 및 자문 회사인 '더 슈퍼 에이지The Super Age'의 창립자이자 CEO인 브래들리 셔먼Bradley Schurman은 인구의 20퍼센트가 65세 이상이 되는 것을 '초고령화'라는 용어 대신 '슈퍼 에이지Super Age 시대'라고 명명하고 이 '슈퍼 에이지 세대'가 MZ세대를 능가하는 신新소비 권력이 될 것이라고 예측했다. 슈퍼 에이저SuperAger란 나이는 80~90대인데 뇌 기능이 청년 못지않은 사람을 뜻한다. 풍부한 경험과 구매력 있는 소비자라는 의미에서 50~75세를 '액티브active(능동적) 시니어'라 부르기도 하고, 오팔OPAL, Old People with Active Lives 세대라는 용어도 있다.[5]

미국 영화 〈갈채The Country Girl〉(1954)엔 다음과 같은 대사가 나온다. She had a poise and a dignity that was ageless. 자막의 번역은 이랬다. "그녀는 항상 평정을 유지했고, 위엄 있었고, 나이가 들지 않았죠." 이에 대해 소설가이자 번역전문가인 안정효는 『안정효의 오역 사전』(2013)에서 다음과 같이 말한다.

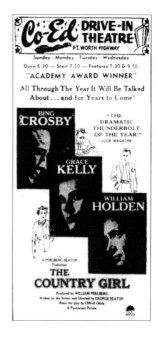

"ageless와 관계대명사로 연결되어 동격인 poise(차분함)와 dignity(점잖음)는 '나이를 먹는' 속성과는 거리가 멀다. '늘 변함이 없다'는 뜻으로도 통용되는 ageless를 이 경우에는 아래처럼 번역해야 옳을 듯싶다. '침착함이나 품위는 나이답지가 않았고요.'"[6]

ageless는 '늙지 않는, 나이를 안 먹는, 영원한(=timeless)', the ageless mystery of the universe는 '우주의 영원한 불가사

의', an ageless piece of sculpture는 '불후의 조각'이란 뜻이다. Her beauty appeared ageless(그녀의 아름다움은 나이를 안 먹는 것 같았다).

Never ask a woman for her age(여자에게는 나이를 묻지 않는 게 예의다). 여자에게만 해당되는 말일까? 한국에선 아직도 초면의 사람에게 나이를 묻는 사람이 많지만, 서양에선 프라이버시 침해가 될 수 있으니 주의하는 게 좋다. 임귀열은 "보다 나은 방법은 생일을 묻거나 별자리를 묻는 방식이다"며 다음과 같이 조언한다.

"서양인들에게 'What birth sign were you born under?' 혹은 'What was your astrological sign?'이라고 묻는 것도 한 가지 방법이다. 이것은 동양인에게 '실례지만 무슨 띠에요?(Where were you born? What's your Chinese zodiac sign? 혹은 What zodiac sign were you born under?)'라고 묻는 것과 비슷하다. 'When did you graduate college(몇 학번이세요)?'처럼 묻는 방법도 있다."[7]

Life is a country that the old have seen, and lived in. Those who have yet to travel through it can only learn the way from them(인생이란 노인이 보고 겪은 나라다. 아직 인생의 나라를 여행하지 못한 사람들은 노인에게 길을 물어야 할 것이다).[8] 프랑스 작가 조제프 주베르Joseph Joubert, 1754~1824의 말이다. 이젠 씨알도 먹히지 않을 옛날 주장이자 이야기가 되어버리고 말았다는 게 안타깝다.

Age is a case of mind over matter. If you don't mind, it doesn't matter(나이는 실체가 아니라 마음의 문제다. 당신이 신경 쓰지 않으면 아무도 관심 없다).[9] 미국 작가 마크 트웨인Mark Twain, 1835~1910

의 말이다.

Growing old is a bad habit which a busy man has no time to form(늙는다는 것은 바쁜 사람이면 가질 수 없는 나쁜 습관이다).[10] 프랑스 작가 앙드레 모로André Maurois, 1885~1967의 말이다.

Growing old is mandatory, but growing up is optional(나이 드는 것은 강제적이지만, 철이 드는 것은 선택적이다). 미국 디즈니 제국의 창업자인 월트 디즈니Walt Disney, 1901~1966의 말이다. 나이에 관한 수많은 명언 중 매우 가슴에 와닿는 것들 중 하나다. 나이를 먹을 만큼 먹었는데도 철딱서니 없는 언행을 일삼는 사람들이 적지 않다. 단지 자신의 건강을 과시하기 위해 그러는 걸까?

LEROY "Satchell" PAIGE

미국의 전설적인 야구선수 새철 페이지Satchel Paige, 1906~1982는 흑인 리그에서 활동하다가 42세에 아메리칸리그에 입단해 47세까지 활동했다. 은퇴했다가 1966년 59세에 연금 수령 조건을 채우기 위해 다시 등판해 3이닝을 던져 무실점을 기록했다. 기자들이 "그 나이에 놀랄만한 일이다"고 하자 그는 이렇게 말했다. How old would you be if you didn't know how old you were(당신이 자기 나이를 모르는데 당신 나이가 얼마겠느냐)?

고령이라는 이유로 은퇴 압력을 받는 미국 대통령 조 바이든 Joe Biden, 1942~은 페이지의 나이 명언을 즐겨 인용하기도 한다. 그는 2022년 메이저리그 월드시리즈 우승팀 휴스턴 애스트로스를 백악관에 초청한 자리에서 당시 74세의 더스티 베이커Dusty Baker, 1946~ 감독에게 이렇게 말했다. People counted you out, saying you were past your prime. Hell, I know something about that(사람들은 당신을 제외하고 전성기가 지났다고 말했지. 제기랄, 나도 그런 기분을 안다).[11]

왜 죽음은
인류에게
축복인가?

무미아 아부자말Mumia Abu-Jamal, 1954~은 미국의 급진적인 흑인 민권운동 단체인 '블랙팬서Black Panthers(흑표범)'의 필라델피아 운동원이자 라디오방송 기자였다. 그는 1981년 12월 동생 윌리엄 쿡William Cook이 일방통행 도로에서 반대 방향으로 차를 몰다 경찰에게 잡혀 구타를 당하자 권총으로 경찰관을 살해한 혐의로 체포되었다. 그는 사형을 선고받았는데, 1995년『Live from Death Row』라는 책을 출간해 유명해졌다.

row는 '(사람·사물들이 옆으로 늘어서 있는) 열[줄]', '(극장 등의 좌석) 줄'을 뜻한다. death row는 "(교도소의) 사형수 수감 건물", prisoners on death row는 "사형수 수감 건물의 죄수들", death row inmates는 "사형수들", on death row는 "사형 선고를 받고 집행을 기다리는", death-row convict는 "사형수", prisoners

on death row도 "사형수"를 뜻한다.

Live from Death Row는 '사형수 수감 건물에서 하는 생방송'이란 뜻인데, 아부자말은 이 책에서 미국의 사법제도가 인종차별적이고 정치적 편의에 의해 움직이고 있다고 고발했다. 흑인 단체들은 그의 무죄를 주장하며 국제 인권 단체와 연합해 석방 운동을 벌였으며, 재판부의 노골적인 인종 편견이 부각되면서 교황 요한 바오로 2세 Pope John Paul II, 1920~2005, 자크 시라크Jacques Chirac, 1932~2019 전 프랑스 대통령, 할리우드 영화배우 마틴 신Martin Sheen, 1940~, 팀 로빈스Tim Robbins, 1958~ 등 각계의 구명운동을 촉발했다. 2011년 12월 7일 필라델피아 검찰은 아부자말의 사형 구형을 포기하기로 결정했고, 이로써 29년 만에 가석방 없는 종신형으로 감형되었다.[12]

상속세는 an inheritance tax 또는 successionlegacy duty 인데, death tax(duty)라고도 한다. 상속세 폐지나 삭감을 주장하는 부자들은 death tax(duty)라고 표현하는 걸 선호한다. '사망세'라고 부르는 것이 상속세 폐지나 삭감에 유리한 심리적 반응을 불러일으킬 수 있을 거라고 보기 때문이다.[13]

Platon said that in Utopia belief in a blissful afterlife should be encouraged so that the citizens, not fearing death, would be good soldiers. Many forms of religious fanaticism share this view. Even respectable religions can be militaristic; some even promise that death in battle grants direct entry to paradise. In such cases also, therefore, superstitions about death prove useful to priests and tyrants(플라톤의 말에 의하면 이상국가는 시민들에게 행복한 내세에 대한 믿음을 고취시켜야 한다. 그래야 시민들이 죽음을 두려워하지 않고 좋은 군인이 될 수 있다는 것이다. 광신적인 종교는 대체로 이와 비슷한 견해를 취한다. 아무리 훌륭한 종교라도 그 안에는 군국주의적인 측면이 들어 있

다. 심지어 어떤 종교는 전장에서 죽으면 곧장 천국에 간다고 가르친다. 그런 점에서 볼 때 죽음에 대한 미신은 역시 성직자와 독재자에게 유용하다).

영국 철학자 A. C. 그레일링A. C. Grayling, 1949~이 『미덕과 악덕에 관한 철학사전The Meaning of Things: Applying Philosophy to Life』(2001)에서 한 말이다. 이어 그는 다음과 같이 말했다.

One can avoid fear of dying by accepting and then ignoring its inevitability, so avoiding the coward's fate of dying in imagination a thousand times over. For these reasons Spinoza wrote that 'The meditation of the wise man is a meditation not on death, but on life.'(죽음의 두려움을 회피하기 위해서는 일단 죽음의 불가피함을 인정한 뒤 무시해버리면 된다. 그러면 상상 속에서 수백 번 죽는 겁쟁이가 되지 않을 수 있다. 그래서 스피노자는 '현인은 죽음을 명상하지 않고 삶을 명상한다'고 썼다).[14]

The deeper you understand life, the less sorrow you suffer from death(삶을 깊이 이해하면 할수록 죽음으로 인한 슬픔은 그만큼 줄어들 것이다).[15] 러시아 작가 레프 톨스토이Lev Tolstoy, 1828~1910의 말이다.

To humanity, death is blessing. There can't be true development without death. If we live eternally, we will not recognize the efforts and achievements of young people and not only discourage them, but will not be able to be motivated to live creative life(인류에게 죽음은 축복이다. 죽음이 없으면 진정한 발전도 없다. 우리가 영원한 삶을 살게 된다면 젊은이들의 노력과 성과를 인정하지 않고 그들의 의욕을 꺾을 뿐만 아니라 창조적으로 살려는 자극조차 받지 못하게 될 것이다).[16] 오스트리아의 정신의학자이자 심리학자인 알프레트 아들러Alfred Adler, 1870~1937의 말이다.

Bury me simply, like any ordinary officer of the U.S. Army who has served his country honorably. No fuss. No elaborate ceremonials. Keep the service short, confine the guest-list to the family. And above everything, do it quietly(간소하게 매장해달라. 조국을 영예롭게 섬긴 평범한 미군 장교와 다름없이 수선 떨지 말고. 거창한 의식 같은 것도 금지. 장례식은 짧게. 장례식 손님은 가족들만. 무엇보다도 조용히 장례식을 치르도록).[17]

제2차 세계대전 기간에 미 육군참모총장, 전후엔 국무장관과 국방장관을 지낸 조지 마셜George Marshall, 1880~1959이 죽기 전에 작성한 지시 사항이다. 실제로 마셜의 엄명에 따라 국장state funeral은 거행되지 않았으며, 국회의사당 로툰다Capitol rotunda에 안치되지도 않았다. 마셜의 장례식은 버지니아주 알링턴의 포트 마이어Fort Myer에서 일반 기도서의 표준 매장 절차에 따라 간소하게 치러졌다. rotunda는 '(특히 지붕이 둥근) 원형 건물, 원형 홀'을 말한다.

I don't want to believe that death leads to another life. It's a door of its own when it's closed(나는 죽음이 또 다른 삶으로 인도한다고 믿고 싶지는 않다. 그것은 닫히면 그만인 문이다).[18] 프랑스 작가 알베르 카뮈Albert Camus, 1913~1960의 말이다.

I like to think that something survives after you die. It's strange to think that you accumulate all this experience, and maybe a little wisdom, and it just goes away. So I really want to believe that something survives, that maybe your consciousness endures. (He fell silent for a very long time.) But on the other hand, perhaps it's like an on-off switch. Click! And you're gone. (Then he paused again and smiled alightly.) Maybe that's why I never liked to put on-off switches on Apple devices(죽은 후에도 나의 무언가는 살아남는다고 생각하고 싶군요. 그렇게 많은 경험을 쌓았는데, 어쩌면 약간의 지혜까지 쌓았는데 그 모든 게 그냥 없어진다고 생각하면 기분이 묘해집니다. 그래서 뭔가는 살아남는다고, 어쩌면 나의 의식은 영속하는 거라고 믿고 싶

은 겁니다. [그는 오랫동안 말이 없었다.] 하지만 한편으로는 그냥 전원 스위치 같은 것일지도 모릅니다. '딸깍!' 누르면 그냥 꺼져버리는 거지요. [그는 또 한 번 멈추었다가 희미하게 미소를 지었다.] 아마 그래서 내가 애플 기기에 스위치를 넣는 걸 그렇게 싫어했나 봅니다).[19]

애플의 스티브 잡스Steve Jobs, 1955~2011가 죽기 얼마 전에 자신의 전기를 쓴 작가 월터 아이작슨Walter Isaacson, 1952~에게 한 말이다. 아이작슨의 『스티브 잡스』(2011)는 잡스의 이 마지막 말을 소개하는 걸로 끝맺고 있다.

부는
바보의
주인이다

wealth는 well-being(복리)을 의미하는 weal에서 온 단어다. weal은 오늘날에도 '복리福利, 번영, 행복'의 뜻으로 쓰인다. the public weal은 '공공의 복리', the weal of a country는 '나라의 번영', in weal and woe는 '행복할 때나 불행할 때나'란 뜻이다. Come weal or woe, I will never desert my friend(좋은 일이든 궂은일이든 어떤 일이 있어도 친구를 버리지는 않겠다). You should take your own course, whether for weal or woe(너는 좋든 싫든 자신이 선택한 길을 가야 한다).[20]

영국의 문화비평가 레이먼드 윌리엄스Raymond Williams, 1921~1988의 『키워드』(1983)에 따르면, common weal(공공복리), commonweal(공공복지)과 common wealth(공공의 부)에서 유래한 commonwealth에는 처음에는 '공동체의 안녕'이라는 일반적인 의미가 있었으며, 이후 이와 관련해 일종의 사회체제라는 특별한 의미로 발전했다.[21] 그래서 오늘날 commonwealth는 "영연방, 코먼웰스(영국과 과거 대영제국의 일부이던 국가들로 구성된 조직), 주(미국 Kentucky, Massachusetts, Pennsylvania, Virginia의 4개 주 공식 명칭에 쓰임), (미국의) 연방국"이란 뜻으로 쓰인다.

wealth는 애초에 '행복과 번영'을 의미했지만 이 둘 사이에 문제가 생기면서 다음과 같은 용법의 의미로 기울었다. "여기에는 충분히 얻을 만큼의 wealth가 있기 때문에 이는 우리를 영원히 부자로 만들어줄 것이다."(1352년) 그럼에도 wealth는 여전히 부富 외에도 '풍부, 다량'의 뜻으로도 쓰이고 있다. an astonishing wealth of experience는 '놀랄 만큼 풍부한 경험', have a wealth of delightful memories는 '많은 즐거운 추억이 있다'는 뜻이다. There is a wealth of imagery in this novel(이 소설에는 비유적인 묘사가 많다). Wealth of words is not eloquence(다변은 웅변이

아니다).[22]

Wealth is the slave of a wise man. The master of a fool(부는 지혜로운 사람의 노예이자 바보의 주인이다). 고대 로마의 스토아학파 철학자 세네카Seneca, B.C.4~A.D.65의 말이다. 그는 이런 말도 남겼다. It is the sign of a weak mind to be unable to bear wealth(부를 감당할 수 없다는 것은 의지박약의 증거다).[23]

Wealth consists not in having great possessions, but in having few wants(부는 많은 소유물이 아니라 원하는 것이 적은 데 있다).[24] 고대 그리스 스토아 철학자 에픽테토스Epictetos, 55~135의 말이다.

The first wealth is health(첫 번째 재산은 건강이다).[25] 미국 철

학자 랠프 월도 에머슨Ralph Waldo Emerson, 1803~1882의 말이다.

American enjoy explaining almost every act of their lives on the principle of self-interest properly understood. It gives them great pleasure to point out how an enlightened self-love continually leads them to help one another and disposes them agreely to give part of their time and wealth for the good of the state(미국인들은 자기 생활의 거의 모든 행동을 올바르게 이해된 자기이익의 원칙에 따라 설명하기를 즐긴다. 이 원칙은 계몽된 자기애自

己愛가 어떻게 해서 서로 상부상조하도록 개인을 끊임없이 추동하고 국가의 선을 위해 개인의 시간과 재산을 기꺼이 할애하게 하는지 설명하는 데 커다란 만족을 부여한다).[26] 프랑스 사상가 알렉시 드 토크빌Alexis de Tocqueville, 1805~1859이 『미국의 민주주의』(1835)에서 한 말이다.

Superfluous wealth can buy superfluities only(필요 이상의 많은 재산은 쓸데없는 것만 구입하게 만들 뿐이다).[27] 미국의 초월주의 작가 헨리 데이비드 소로Henry David Thoreau, 1817~1862가 수필집 『월든Walden』(1854)에서 한 말이다. superfluous는 '(더이상) 필요치 않은[불필요한] (=unnecessary), 과잉의', superfluities는 '남아도는 것, 없어도 되는 것; 사치스러운 생활, 사치품'이란 뜻이다.

Wealth is the product of a man's ability to think(부는

인간 사고능력의 산물이다). 러시아 태생의 유대인으로 미국 소설가이자 철학자인 에인 랜드Ayn Rand, 1905~1982가 한 말이다. 그녀는 『이기주의의 미덕The Virtue of Selfishness』(1961) 등을 통해 이기주의를 찬양하는 등 극단적인 자유주의 철학을 내세우면서 다음과 같이 주장했다.

Man-every man-is an end in himself, not a means to the ends of others. He must live for his own sake, neither sacrificing himself to others nor sacrificing others to himself; he must work for his rational self-interest, with the achievement of his own happiness as the highest moral purpose of his life(인간은, 모든 인간은 다른 사람의 목적에 부합하는 수단이 아니라 자기 자신을 위해 존재한다. 인간은 스스로를 위해 살아야 한다. 다른 사람 때문에 자신을 희생해서도, 다른 사람에게 희생을 요구해서도 안 된다. 인간은 자신의 이익을 위해 일해야 하며, 자신의 행복 달성을 자기 삶의 가장 높은 도덕적 목표로 삼아야 한다).[28]

Being rich is having money; being wealthy is having time(부자가 되는 것은 돈을 갖는 것이고, 부유하다는 것은 시간을 갖는 것이다).[29] 미국 기업가 스티븐 스위드Stephen Swid, 1940~2019의 말이다.

Giving time and money to help others is a long and distinguished tradition in American society. Both philanthropy and volunteering are roughly twice as common among Americans as among the citizens of other countries.……As Andrew Carnegie, one of the new millionaires who emerged from the period of rapid growth following the Civil War, proclaimed in his 1889

essay "The Gospel of Wealth," wealth was a sacred trust which its possessor was bound to administer for the good of the community(남을 돕는 데 시간과 돈을 쓰는 것은 미국 사회에서 오랜 역사를 자랑하는 훌륭한 전통이다. 자선 행위와 자원봉사는 다른 나라의 시민에 비해 미국인 사이에서는 약 2배 정도 널리 퍼져 있다.……남북전쟁 이후 급속한 경제 성장기에 등장한 백만장자 중의 한 명은 앤드루 카네기는 1889년 「부의 복음」이라는 글에서 부는 그 소유자가 공동체의 선을 위해 사용해야 하는 신성한 신탁이라고 했다).[30]

　　미국 하버드대학 정치학자 로버트 퍼트넘Robert D. Putnam, 1941~ 이 『나 홀로 볼링: 볼링 얼론-사회적 커뮤니티의 붕괴와 소생』(2000) 에서 한 말이다.

일중독은
무엇을
빼앗아가는가?

Products like IPhone just work(아이폰 같은 제품은 그냥 된다). 애플 CEO 팀 쿡Tim Cook, 1960~이 2020년 7월 구글, 페이스북, 애플, 아마존 등 미국 정보기술IT '빅4'의 최고경영자CEO들이 출석한 하원 반독점 청문회에서 한 말이다. 아이폰 같은 제품은 기술적으로나 사업적으로 '되는' 상품이라는 것이다. 'It works(작동하다)'라는 기본 표현을 활용한 용법이라고 할 수 있겠다.[31]

work out은 "(건강·몸매 관리 등을 위해) 운동하다(→관련 명사는 workout), (일이) 잘 풀리다[좋게 진행되다]"는 뜻이다. It didn't work out, and we divorced(결혼은 잘 안 풀렸고, 그래서 우리는 이

혼했다). 미국인들은 이혼할 때 듣기 좋게 "our marriage didn't work out(우리 결혼은 잘 안 풀렸다)"이라는 식으로 말한다. workout 은 한국에서는 '재무구조 개선 작업'이나 '신용 회생'의 뜻으로도 많이 쓴다.

미국인들이 이혼을 많이 하는 것과는 달리 미국은 이혼한 대통령은 나오기 쉽지 않은 사회 분위기를 갖고 있다. 이혼 경력을 가진 대통령은 로널드 레이건Ronald Reagan, 1911~2004과 도널드 트럼프 Donald Trump, 1946~ 2명뿐이다. 레이건은 1940년 할리우드 배우 시절에 여배우 제인 와이먼Jane Wyman, 1917~2007과 결혼했다가 9년 만에 이혼했다. 이혼 사유는 와이먼은 남편이 배우협회SAG 회장을 맡는 등 정치 야망을 품은 것이 불만이었고, 레이건은 자기보다 더 인기 높은 아내가 부담스러웠기 때문이라는 설이 유력하다.

이혼에 대해 두 사람 모두 침묵했는데, 와이먼은 한 번은 이렇게 말했다. It's not because I'm bitter. But it's bad taste to talk about ex-husbands and ex-wives(불쾌하기 때문이 아니다. 전 부인, 전남편에 관해 이야기하는 것은 악취미이기 때문이다). 그녀는 레이건이 사망했을 땐 이런 말을 남겼다. America has lost a great president. And a great, kind and gentle man(미국은 위대한 대통령을 잃었다. 그리고 위대하고 다정하고 상냥한 사람을 잃었다).[32]

work up은 '자극하다, 부추기다, 흥분시키다, 화가 나다', work up courage는 '용기를 불러일으키다', work up appetite 는 '식욕이 나게 하다', work up a slow anger는 '차츰 화가 나게 하다', work oneself up into a rage는 '흥분하여 화를 내다'는 뜻이다. They got violently worked up(그들은 몹시 흥분했다[화를 냈

다]).³³ 이런 대화가 가능하겠다.

> **A** When do you get worked up(넌 화낼 때가 있니)?
>
> **B** I get worked up pretty often(나 꽤 자주 그러지).
>
> **A** About what(뭐 때문에)?
>
> **B** About lots of stuff like manners, traffic, people etc(많은 것이 있지. 뭐……. 매너 없을 때나 차가 밀릴 때나 아니면 사람들 때문에 그래).³⁴

have [all] one's work cut out [for one]은 "힘에 겨운(벅찬) 일을 맡다, 엄청난 일을 하게 되다, 고생길이 훤하다, 애먹다"는 뜻이다. We shall have our work cut out to finish the job by the end of this month(이달 말까지 그 일을 끝내기란 우리에게 아주 벅찰 것이다).³⁵ 이런 대화가 가능하겠다.

A How's your work(일은 어때)?

B Recently I was appointed as the new project manager(최근에 새로운 프로젝트 매니저로 임명되었어).

A Good for you(잘되었네)!

B Thank you but now I've got my work cut out for me(고마워. 이제 고생길이 훤하지 뭐).[36]

cut out for는 "~에 적합하다(적임이다, 어울리다)"는 뜻인데, 원래 옷을 만들 때에 천 조각을 신체 각 부위에 맞게끔 오려내던 재단법裁斷法에서 유래한 말이다. 비유적 의미로는 18세기부터 사용되었으며, 흔히 "~에 적합하지 않다"는 부정문의 형태로 쓰인다. He wasn't cut our for military service(그는 군대에는 어울리지 않았

다). I guess I'm not cut out for a farmer(나는 아무래도 농사일은 제격이 아닌 것 같다).[37]

It is impossible to enjoy idling thoroughly unless one has plenty of work to do(해야 할 일을 충분히 갖고 있지 않는 한 빈둥대는 걸 철저히 즐기는 건 불가능하다).[38] 영국 작가 제롬 K. 제롬Jerome K. Jerome, 1859~1927의 말이다.

By working faithfully eight hours a day you may eventually get to be a boss and work 12 hours a day(매일 8시간씩 충실하게 일하면 보스가 될 정도로 성공할 수 있겠지만 그땐 매일 12시간을 일한다).[39] 미국 시인 로버트 프로스트Robert Frost, 1874~1963의 말이다.

The only place where success comes before work is a dictionary(노력[work]보다 성공[success]이 먼저 나오는 곳은 사전밖에 없다).[40] 영국 출신으로 미국에서 활약한 세계적인 헤어 디자이너 비달 사순Vidal Sassoon, 1928~2012의 말이다. 열심히 일을 해야 성공할 수 있다는 뜻을 재치 있게 표현한 것이다.

Real success is finding your life work in the work that you love(진정한 성공은 좋아하는 일 안에서 평생의 일을 찾는 것이다).[41] 미국 역사학자 데이비드 매컬로프David McCullough, 1933~2022의 말이다.

Workaholism robs us of many things. In order to put in the hours, we sacrifice time with our families, our friends, and ourselves. We lose perspective about what is truly important to us and what is ultimately of enduring

value(일중독은 많은 것을 빼앗아간다. 일에 몰두하면 가족이나 친구, 자신만의 시간을 희생하게 되고, 진정으로 중요한 것과 궁극적으로 가치 있는 것에 대한 균형 잡힌 시각을 잃어버린다).[42] 『허핑턴포스트』의 창립자인 아리아나 허핑턴Arianna Huffington, 1950~이 『담대하라, 나는 자유다On Becoming Fearles』(2006)에서 한 말이다.

workism은 work(일)에 ~ism(주의)이 붙은 말로 '과도한 일 중시'라는 뜻으로 쓰이고 있다. 미국 언론인 데릭 톰슨Derek Thompson, 1986~이 2019년 2월 『애틀랜틱』에 기고한 「Workism Is Making Americans Miserable(과도한 일 중시가 미국인들을 비참하게 만들고 있다)」이라는 글에서 처음 만든 말이다.[43]

서양에선 미국인들이 가장 일을 중시하겠지만, 미국인들보다 더한 사람이 한국인일 게다. 영국 인구학자 데이비드 콜먼David Coleman, 1946~은 2023년 5월 한국의 초저출산 문제 타개를 위해선 "외국인이라 교만하게 들릴지 몰라도 한국다운 것이 변해야 한다"는 해법을 제시했다. 그는 17년 전인 2006년 유엔 인구 포럼에서 한국의 저출산 현상이 지속하면 한국이 지구 위에서 사라지는 '1호 인구 소멸 국가'가 될 것이라고 전망하며 당시 '코리아 신드롬'이라는 용어를 만들어낸 세계적인 석학이다. 그는 '한국다운 것' 중의 하나로 Workism을 꼽았다.[44]

행복에 집착하는
문화는
위험하다

Happiness is the meaning and the purpose of life, the whole aim and the end of human existence(행복은 삶의 의미이며 목적이고, 인간 존재의 목표이며 이유다).[45] 고대 그리스 철학자 아리스토텔레스Aristotles, B.C.384~B.C.322의 말이다.

Nothing is miserable unless you think it so, and on the other hand, nothing brings happiness unless you are content with it(비참하다는 것은 생각일 뿐이며 행복이란 것도 만족하면 되는 것이다).[46] 고대 로마의 철학자 보이티우스Boethius, 480~524의 말이다.

The great end of all human industry is the attainment of happiness. For this were are arts invented, sciences cultivated, laws ordained, and societies modeled(사람이 하는 모든 노력의 궁극적인 목적은 행복의 달성이다. 행복을 위해 기술을 발명하고, 학문을 육성하고, 법을 만들고, 사회를 형성한다).[47] 스코틀랜드의 철학자 데이비드 흄David Hume, 1711~1766의 말이다.

In what constitutes the real happiness of human life, they[the poorer class] are in no respect inferior to those who would seem so much above them(인생의 진정한 행복이라는 면에서 볼 때 빈곤 계층이 부유층 사람들보다 절대 뒤떨어지지 않는다).[48] 영국 경제학자 애덤 스미스Adam Smith, 1723~1790의 말이다.

Most of us are just as happy as we make up our minds to be(사람은 행복하기로 마음먹은 만큼 행복하다).[49] 미국 제16대 대통령 에이브러햄 링컨Abraham Lincoln, 1809~1865의 말이다.

The happiness that is genuinely satisfying is accompanied by the fullest exercise of our faculties and the fullest realization of the world in which we live(진정으로 만족스러운 행복은 우리 능력을 최대한 발휘해서 우리가 사는 세상을 충분히 구현함으로써 가능해진다).[50] 영국 철학자 버트런드 러셀Bertrand

Russell, 1872~1970의 말이다.

Happiness doesn't depend on what we have, but it does depend on how we feel toward what we have. We can be happy with little and miserable with much(행복은 우리가 가진 것으로 결정되는 것이 아니라, 가진 것을 어떻게 바라보느냐에 좌우된다. 가난해도 행복할 수 있고 부유해도 비참할 수 있다).[51] 미국 정치인 윌리엄 호드William D. Hoard, 1836~1918의 말이다.

Happiness: An agreeable sensation arising from contemplating the misery of another(타인의 불행을 바라볼 때 생기는 일종의 안도감).[52] 미국 작가 앰브로즈 비어스Ambrose Bierce, 1842~1914가 『악마의 사전』(1906)에서 내린 행복의 정의다.

The foolish man seeks happiness in the distance, the wise grows it under his feet(어리석은 사람은 멀리서 행복을 찾지만 현명한 사람은 발밑에서 행복을 키운다).[53] 미국 시인 제임스 오펜하임 James Oppenheim, 1882~1932의 말이다.

We all live with the objective of being happy; our lives are all different and yet the same(우리는 모두 행복한 삶을 살고 싶어 한다. 사는 모습은 달라도 행복해지기를 원하는 것은 누구나 마찬가지다).[54] 16세의 나이로 해방되기 2개월 전인 1945년 3월에 유대인 강제수용소 베르겐벨젠에서 영양실조와 장티푸스로 사망

한 독일의 유대인 소녀 안네 프랑크Anne Frank, 1929~1945가 『안네의 일기』에 남긴 말이다.

When we are happy, we are less self-focused, we like others more, and we want to share our good fortune even with strangers. When we are down, though, we become distrustful, turn inward, and focus defensively on our own needs(사람은 행복할수록 자기중심적인 사고에서 벗어나며, 다른 사람들을 더 많이 좋아하고, 낯선 사람들과도 자신의 행운을 나누고 싶어 한다. 그렇지만 자신이 불행하면 불신감이 깊어지고, 오직 자기만을 생각하며, 자신의 욕구에만 몰두하게 된다).[55] 미국 펜실베이니아대학의 긍정 심리학자 마틴 셀리그먼Martin E. P. Seligman, 1942~이 『긍정 심리학Authentic Happiness』(2004)에서 한 말이다.

Happiness grows less from the passive experience of desirable circumstances than from involvement in valued activities and progress toward one's goals(좋은 환경을 수동적으로 받아들이기보다 가치 있는 활동에 적극 참여하고 목표를 향해 갈 때 더욱 행복해진다).[56] 미국 심리학자 데이비드 마이어스David Myers, 1942~와 에드 디너Ed Diener, 1946~2021의 말이다.

The concept of 'happiness' is very subjective. Human beings can be happy as anyone else even when they can't see('행복'이라는 개념은 매우 주관적이다. 눈이 안 보여도 누구 못지않게 행복할 수 있는 것이 인간이다).[57] 미국 심리학자 대니얼 길버트Daniel T. Gilbert, 1957~의 말이다.

I for one am afraid that our American culture's

overemphasis on happiness at the expense of sadness might be dangerous, a wanton forgetting of an essential part of a full life(나는 개인적으로는 슬픔을 무시한 채 행복을 과도하게 강조하는 미국 문화는 충실한 삶의 본질적 요소를 잊어버린 채 사는 바람둥이처럼 위험할 수 있다고 우려한다).[58] 미국의 영어학 교수이자 작가인 에릭 G. 윌슨Eric G. Wilson, 1967~이 『행복에 반대한다: 멜랑콜리 즐기기 Against Happiness: In Praise of Melancholy』(2008)에서 한 말이다.

제2장

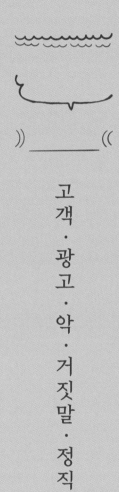

고객 · 광고 · 악 · 거짓말 · 정직

고객이
원하는 것을
주어야 한다고?

custom엔 "습관, 관습, 관행" 외에 "사용료, 세稅, 세관"이란 뜻도 있다. 그래서 custom free는 '면세', a customs officer는 '세관원'이란 뜻이다. 18세기 프랑스에선 세금을 걷는 사람을 customer라고 했는데, 이 단어는 "나를 자기 마음대로 할 수 있는 권한을 가져 가급적 만나고 싶지 않은 사람"을 가리키는 단어로 의미가 확장되었고, 마침내 "돈 내고 내 물건을 사가는 손님이나 고객"이라는 뜻으로 발전되었다.[1]

The customer is always right(고객은 늘 옳다). 1909년 스위스의 호텔 사업가 세자르 리츠César Ritz, 1850~1918가 한 말이다.[2] 이 말은 나중에 미국의 대표적 소매 유통업체인 월마트 등 여러 기업이 내건 슬로건이 되었다. 그런데 미국 기업가 제임스 모건James Morgan이 1991년에 출간한 『일본 시장 뚫고 들어가기Cracking the Japanese

Market: Strategies for Success in the New Global Economy』엔 한 일본 기업인의 다음과 같은 말이 소개되어 있어 흥미롭다.

In the United States, you say the customer is always right. In Japan, we say the customer is God. There is a big difference(미국에선 당신들은 고객은 늘 옳다고 말한다면서요. 일본에서 우리는 고객은 신神이라고 말합니다. 늘 옳다는 것과 신이라는 것엔 큰 차이가 있지요).[3]

If I'd asked customers what they wanted, they would have told me, 'A faster horse!'(내가 고객에게 무엇을 원하느냐고 물으면 고객은 '더 빠른 말!'이라고 대답할 것이다). 미국의 '자동차 왕' 헨리 포드 Henry Ford, 1863~1947의 말이다. 애플의 스티브 잡스Steve Jobs, 1955~2011는 이 말을 인용하면서 애플이 시장조사에 의존하지 않는 이유에 대해 다음과 같이 말했다.

Some people say, "Give the customers what they want." But that's not my approach. Our job is to figure out what they're going to want before they do.……People don't know what thay want until you show it to them. That's why I never rely on market research. Our task is to read things that are not yet on the page("고객에게 그들이 원하는 것을 주어야 한다"고 말하는 사람들도 있다. 하지만 그것은 내 방식이 아니다. 우리의 일은 고객이 욕구를 느끼기 전에 그들이 무엇을 원할 것인지를 파악하는 것이다.……사람들은 직접 보여주기 전까지는 자신이 무엇을 원하는지 모른다. 그것이 내가 절대 시장조사에 의존하지 않는 이유다. 아직 적히지 않은 것을 읽어내는 게 우리의 일이다).[4]

Get closer than ever to your customers. So close that you tell them what they need well before they realize it themselves(누구보다 고객에게 가까이 다가가라. 그들이 스스로 깨닫기 전에 그들에게 무엇이 필요한지 말할 수 있을 정도로 가까이).[5] 이 또한 스티브 잡스의 말이다.

The most important single thing is to focus obsessively on the customer. Our goal is to be earth's most customer-centric company(가장 중요한 한 가지는 집요할 정도로 고객에게 집중하는 것이다. 우리의 목표는 지구상에서 가장 고객 중심적인 회사가 되는 것이다). 아마존의 창업자 제프 베이조스Jeff Bezos, 1964~의 말이다. 어떻게? 그는 그 방법 중의 하나라며 다음과 같이 말했다.

We see our customers as invited guests to a party, and we are the hosts. It's our job every day to make every important aspect of the customer experience a little bit better(우리는 고객을 우리가 개최한 파티의 손님이라고 생각한다. 고객 경험의 모든 중요 요소들을 매일매일 조금씩이라도 개선하는 것이 우리의 일이다).[6]

2013년 8월 제프 베이조스Jeff Bezos, 1964~가 2억 5,000만 달러에 인수한 이후, '워터게이트' 특종으로 유명한 유력지 『워싱턴포스트』는 미디어업계 혁신의 아이콘으로 변신했다. 2015년 IT(정보기술) 전문지 『패스트컴퍼니』가 뽑은 '올해의 혁신 미디어 기업'에 선정되는가 하면, 2015년 6월에는 홈페이지의 순 방문자 수가 전년 대비 68퍼센트 증가한 5,440만 명을 기록했다.

이제 『워싱턴포스트』 사람들은 '독자reader'란 말 대신 '고객customer', '소비자consumer'란 단어를 쓴다. "오늘날 언론 콘텐츠를 소비하는 사람은 단순한 '독자'로 한정할 수 없다"는 이유에서다. 즉, 인

쇄된 지면에 쓰인 이야기를 읽던 '독자'들이 이제는 사진을 감상하고, 동영상을 시청하고, 기사나 사안에 관한 자신의 의견을 코멘트로 달며, 다양한 경로로 언론 콘텐츠를 공유하기 때문이다.[7]

사람들이 현재의 상태에 그대로 머물고자 하는 강한 바람을 갖고 있는 심리 상태를 '현상 유지 편향status quo bias'이라고 한다. 소비자들의 이런 현상 유지 편향을 잘 아는 기업들은 어떻게 해서든 소비자를 선점先占하려고 애를 쓴다. 특히 어린이를 대상으로 한 '어린이 마케팅'도 바로 그런 선점 효과를 이용해 브랜드와 평생에 걸친 관계를 맺게 하려는 것이다. 일단 확보한 고객을 다른 곳으로 가지 못하게끔 붙잡아 놓으려는, 즉 현상 유지 편향을 유지시키려는 마케팅을 가리켜 'CRM 마케팅Customer Relationship Management Marketing' 또는 '로열티 마케팅loyalty marketing'이라고 한다.[8]

기업의 고객 중심주의는 '소비자 맞춤형 서비스customization'로 진화했다. 예컨대, 디지털 시장에선 신문에 따라 개인이 원하는 소식을 전해주는 커스터마이징customizing을 할 수도 있다. 특히 사물인터넷 시대를 맞아 소비자 개개인의 특성에 맞추는 '초맞춤형 서비스hyper customization'로 진화하고 있다.[9]

MIT 미디어랩의 니컬러스 네그로폰테Nicholas Negroponte, 1943~는 최종적인 단계까지 개인화된 신문『데일리 미Daily Me』가 나올 수도 있다고 했는데, 모든 사람이 각자의 『데일리 미』를 읽는다면 어떤 일이 벌어질까? 이 질문에 대해 미국 법학자 캐스 선스타인Cass Sunsteinm 1954~은 『리퍼블릭닷컴Republic.com』(2001)에서 다음과 같이 말했다.

You need not come across topics and views that

you have not sought out. Without any difficulty, you are able to see exactly what you want to see, no more and no less(당신은 원하지 않는 기사나 견해를 마주치지 않아도 된다. 당신은 이제 더도 말고 덜도 말고 당신이 원하는 것만 볼 수 있다).

선스타인이 궁극적으로 던지고자 하는 메시지는 바로 이것이다. As the customization of our communications universe increases, society is in danger of fragmenting, shared communities in danger of dissolving(커뮤니케이션이 점점 개인화되면서 사회는 파편화될 위기에 놓였고 공동체는 해체될 위험에 처했다).[10]

소비자는
당신의
배우자다

Let us be a nation of shopkeepers as much as we please, but there is no necessity that we should become a nation of advertisers(자, 상인의 나라가 됩시다. 그렇다고 광고인의 나라가 될 필요는 없습니다). 1848년 영국의 풍자 전문 잡지 『펀치Punch』에 실린 글이다. 영국 출신으로 미국에서 활동한 광고인 데이비드 오길비David Ogilvy, 1911~1999가 1963년에 출간한 『어느 광고인의 고백Confessions of an Advertising Man』에서 광고인에 대한 영국인의 혐오를 말하기 위해 소개한 것이다. 이어 그는 "영국에서 지금까지 살아 있는 5천 5백 명의 기사, 준남작baronets, 그리고 귀족들 중 광고인은 단 한 명뿐이다"고 개탄했다.[11]

You can tell the ideals of a nation by its advertising(한 국가의 광고를 보면 그 국가의 이상理想을 알 수 있다).[12] 영국 소설가이자 여

행 작가인 노먼 더글러스Norman Douglas, 1868~1952가 소설『남풍South Wind』(1917)에서 한 말이다.

Advertising is the method by which the desire is created for better things(광고는 더 나은 것을 위해 욕망을 창조하는 방법이다). 미국 제30대 내동령(1923~1929년 재임) 캘빈 쿨리지Calvin Coolidge, 1872~1933의 말이다.

If advertising speaks to a thousand in order to influence one, well, so does the Church(광고가 한 사람에게 영향력을 미치기 위해서 천 명에게 말한다면, 교회 역시 그러하다).[13] 미국 광고인 브루스 바턴Bruce Barton, 1886~1967이 광고대행사들의 모임에서 한 말이다. 그는 1925년에 출간한『아무도 모르는 남자: 참 예수의 발견The Man Nobody Knows: A Discovery of the Real Jesus』에선 예수를 '세계에서 가장 위대한 세일즈맨'이라고 부르면서 다음과 같이 말했다. He picked up twelve men from the bottom ranks of business and forged them into an organization that conquered the world(그는 비즈니스의 밑바닥에 있던 12명을 골라 조직을 만들어 세계를 제패했다).[14]

홍보 전문가, 잡지사 기자 등으로 일하다가 제1차 세계대전의 슬로건 작성 작업에 관여했던 바턴은 다른 광고인 로이 더스틴Roy Dustine, 알렉스 오스번Alex Osborn과 함께 1919년 BDOBarton,

Durstine & Osborn라는 광고대행사를 만들었다. BDO가 1928년 조지 배튼 컴퍼니George Batten Company와 합병한 BBDOBatten, Barton, Durstine & Osborn는 업계 최고의 광고대행사가 되었다.

BBDO를 비롯해 광고대행사들이 몰려 있던 뉴욕 매디슨가 Madison Avenue는 광고업계를 가리키는 별명이 되었다. 1923년 5월 『애드버타이징 앤드 셀링Advertising & Selling』에서 처음 사용되었다. Madison Avenue는 이 지역에 있는 매디슨 광장Madison Square에서 나온 말인데, 제4대 대통령 제임스 매디슨James Madison, 1751~1836을 따서 지은 이름이다. 오늘날 많은 광고대행사가 이곳을 떠나 다른 곳으로 옮겨갔지만, 여전히 광고산업을 대변하는 상징적 의미로 쓰이고 있다.[15]

We grew up founding our dreams on the infinite promise of American advertising(우리는 미국 광고의 무한한 약속을 우리 꿈의 기반으로 삼으면서 성장했다).[16] 미국 소설가 젤다 피츠제럴드Zelda Fitzgerald, 1900~1948가 소설 『왈츠는 나와 함께Save Me The Waltz』 (1932)에서 한 말이다.

Advertising and political propaganda flatter the individual by making him appear important, and by

pretending that they appeal to his critical judgment, to his sense of discrimination(광고와 정치 선전은 개인이 중요하게 보이는 것처럼 만들고 개인의 비판적 판단 능력과 분별력에 호소하는 척함으로써 개인에게 아첨한다).[17] 유대인으로 독일계 미국인 학자인 에리히 프롬Erich Fromm, 1900~1980이 『자유로부터의 도피』(1941)에서 한 말이다.

It is not necessary to advertise food to hungry people, fuel to cold people, or houses to the homeless(배고픈 사람에게 음식을, 추위에 떠는 사람에게 연료를, 무주택자에게 주택을 광고할 필요는 없다).[18] 미국 경제학자 존 케네스 갤브레이스John Kenneth Galbraith, 1908~2006가 『미국 자본주의』(1957)에서 한 말이다.

A good ad should be like a good sermon: it must not only comfort the afflicted-it also must afflict the comfortable(훌륭한 광고는 훌륭한 설교와 같아야 한다. 그것은 고통받는

사람들을 위로할 뿐 아니라 편안한 사람들을 고통스럽게 해야 한다).[19] 미국 광고인 버니스 피츠 기번Bernice Fits-Gibbon, 1894~1982이『메이시백화 점, 김벨스백화점, 그리고 나: 소비재 광고로 연봉 9만 달러를 버는 방 법』(1967)에서 한 말이다.

The consumer is not a moron, she is your wife(소비자 는 바보가 아니다. 당신의 배우자다). 데이비드 오길비가 1955년 광고인 이 가져야 할 자세라며 한 말이다.『어느 광고인의 고백』(1963)에 실 려 유명해진 이 말은 광고의 부정적 효과를 역설하는 사람들에게 대중 은 조작당하는 못난이들이 아니라는 광고 옹호론의 대표적 메시지이 자 광고인의 직업적 윤리를 돋보이게 만든 명언으로 자주 인용된다.[20]

In the course of his 16-year career with the Yankees, Joe DiMaggio hit 361 home runs, had a lifetime batting average of .325, and hit safely in 56 consecutive games. Which of these accomplishments qualifies him as an authority on coffee makers(조 디마지오는 16년 동안 양키스에서 활 약하며 361개의 홈런을 기록했고, 통산 타율 3할2푼5리, 56경기 연속안타 등 의 기록을 세웠다. 이러한 성적이 커피 메이커의 성능과 무슨 관계가 있는 것일 까?)[21]

1990년 11월에 첫 방영된, 조 디마지오Joe DiMaggio, 1914~1999 가 나오는 '미스터 커피' TV 광고에 대해『매드 잡지MAD Magazine』 가 제기한 의문이다. 미국 교육자 로버트 풀러Robert W. Fuller, 1936~가 『신분의 종말: '특별한 자'와 '아무것도 아닌 자'의 경계를 넘어서』 (2003)에서 '유명 인사 숭배'에 이의를 제기하기 위해 소개한 것이다.

We are forging a new art of communication. We

spread no lies. We say, in this world there is sickness, war and death(우리는 새로운 차원의 의사소통 방식을 창조하고 있을 뿐이다. 우리는 거짓말을 하는 게 아니라, 단지 세계에는 질병, 전쟁, 죽음이 발생하고 있다는 사실을 말하는 것뿐이다).

이탈리아 베네통 그룹의 회장 루치아노 베네통Luciano Benetton,

1935~이 1994년에 충격적인 사진 광고로 자주 논란을 불러일으키는 베네통의 광고관에 대해 한 말이다. 그는 언론 인터뷰에서 "현실은 전쟁이다"고 했는데, 그래서 전쟁의 비참한 광경마저 광고의 소재로 삼는 건지도 모르겠다. 베네통 광고의 전담 사진작가 올리비에로 토스카니Oliviero Toscani, 1942~는 '사진예술의 대가'로 칭송받는가 하면 '시각의 테러분자'라는 비난도 받고 있다.[22]

악하지 않고도
돈을 버는 것이
가능한가?

The existence of those who remain silent at the scene of evil makes the blurred line between good and evil even more blurred(악의 현장에서 침묵을 지키는 이들의 존재는 선과 악 사이의 흐릿한 경계를 더욱더 희미하게 만든다).[23] 미국 스탠퍼드대학 명예교수인 심리학자 필립 짐바르도Phillip Zimbardo, 1933~의 말이다.

짐바르도는 2007년 『루시퍼 이펙트: 무엇이 선량한 사람을 악하게 만드는가The Lucifer Effect: Understanding How Good People Turn Evil』라는 책을 출간했다. 루시퍼Lucifer는 '빛을 내는 자', '새벽의 샛별'이라는 뜻으로, 천계에 있을 때는 신에게 가장 사랑받던 존재였지만 '오만'으로 인해 신의 분노를 사서 하늘에서 추방당함으로써 '악마, 사탄'이 되었다. 따라서 '루시퍼 이펙트'는 선량한 사람을 악하게 만들 수 있는 '악마 효과'라고 할 수 있겠다. 루시퍼는 권위에 복종하지 않아서 악마로 전락했지만, 루시퍼 효과에선 권위에 대한 맹목적 복종이 악마를 만들었다는 차이는 있지만 말이다.

짐바르도의 이론을 가리켜 '상황주의situationism'라고 한다. 사람의 특성이 아니라 상황이 중요하고, 영혼보다는 맥락이 더 중요하다는 것이다. '악의 상황 이론situational theory of evil'이라고도 하는데, 그 반대는 '악의 기질 이론dispositional theory of evil'이다.

『인간과 상황: 사회심리학의 전망The Person and the Situation: Perspectives of Social Psychology』의 공저자인 리 로스Lee Ross는 "나는 한 개인의 도덕적이거나 비도덕적인 행동이 고정된 성격적 특성 때문이라고 생각하지 않는다. 그것은 그가 언제, 어디서, 누구와 함께 있는가가 훨씬 더 중요하다"고 말한다.[24]

We have always believed that it's possible to make money without being evil(우리는 항상 악하지 않고도 돈을 버는 것이 가능하다고 믿는다). 구글의 공동 창업자인 래리 페이지Larry Page, 1973~의 말이다. 다른 공동 창업자인 세르게이 브린Sergey Brin, 1973~은 한 걸음 더 나아가 이렇게 말한다. It's not enough not to be evil. We also actively try to be good(악하지 않는 것만으로는 충분하지 않다. 우리는 언제나 적극적으로 선하려고 노력한다).[25]

Don't be evil(악해지지 말자). 구글이 내세운 사훈社訓이자 모

토다. 이에 대해 아마존의 CEO이자 구글 투자자인 제프 베이조스 Jeff Bezos, 1964~는 2005년 이렇게 말했다. Well, of course, you shouldn't be evil. But then again, you shouldn't have to brag about it either(당연히 악해져서는 안 되겠죠. 하지만 그다지 자랑하고 다닐 일도 아니라고 봅니다).[26]

　　Is Google Evil(구글은 악한가)? 미국의 『마더 존스Mother Jones』라는 잡지가 2006년 11·12월호 기사에서 던진 질문이다. 이 기사는 이런 답을 내놓았다. When faced with doing the right thing or doing what is in its best interests, Google has almost always chosen expediency(올바른 일을 하느냐, 가장 이득이 되는 일을 하느냐는 문제에 처했을 때, 구글은 거의 언제나 사리를 추구했다).[27]

Apparently a certain percentage of any set group of people looks for signs that companies with sterling reputations are actually fronting for Satan. And of course, with Google's 'Don't be evil' motto hanging on its back like a 'kick me' sign, the company got cut very little slack(어느 집단에서든 일부 사람들은 훌륭한 평판을 누리는 기업들이 실은 사탄 같은 구석이 있다는 기미를 찾으려 든다. 그런데 구글은 '악해지지 말자' 는 모토가 마치 '날 차봐요'라는 말처럼 붙어다니니 느긋해할 겨를이 없다).[28]

2007년 2월 한 전직 구글 직원이 웹사이트에 올린 글이다. front는 '(어떤 활동, 특히 저속한 활동에서) 세상의 눈을 따돌리는 역할을 하다, 눈속임이 되다'는 뜻의 동사로 쓰이기도 한다. The shop fronts for a narcotics ring(그 점포는 뒤에서는 마약중독자들의 소굴이 되어 있다).[29]

cut someone some slack은 '관대하게 대하다, 봐주다' 는 뜻이다. 배를 부두에 댈 때, 밧줄을 느슨하게 해달라고 말한 것에서 유래한 표현이다(slack은 '느슨한, 게으른'이란 뜻이다). 주로 자신이 힘든 상황에서 편의를 봐달라고 말하고 싶을 때 사용한다. some은 'a little'이나 'a lot'으로도 대체될 수도 있다. Cut me a little slack(형편 좀 봐주세요). Cut me a little slack on trying to do it for five minutes(5분 정도 그걸 해볼 수 있도록 조금만 봐줘). Don't you think he should cut him some slack(그녀가 그에게 조금 관대해져야 할 것 같지 않아?)[30]

'Don't be evil' is misunderstood. We don't have an evil meter……the rule allows for conversation. I thought

65

HOW BIG TECH BETRAYED
ITS FOUNDING PRINCIPLES—
AND ALL OF US

Don't be evíl

RANA FOROOHAR

FINANCIAL TIMES BUSINESS COLUMNIST AND AUTHOR OF MAKERS AND TAKERS

when I joined the company this was crap.······it must be

joke. I was sitting in a room in the first six months······

talking about some advertising······and someone said that

it is evil. It stopped the product. It's a cultural rule, a way

of forcing the conversation, especially in areas that are

ambiguous('악해지지 말자'가 오해받고 있습니다. 우리에게는 악을 재는 잣대가 없습니다.……그 룰은 단지 말로 통용되었을 뿐입니다. 회사에 처음 들어왔을 때 나는 이 모토가 헛소리라고 생각했습니다.……농담이라고 생각했죠. 첫 여섯 달 동안 사무실에 앉아서……광고에 대해 의논하는데……누가 그걸 악한 짓이라고 하더군요. 그 때문에 상품화가 중단되었죠. 이 모토는 문화적인 룰이고 대화를 끌어내는 방법일 뿐입니다. 특히 모호한 영역에 대해 대화할 때 말이죠).

구글의 창업자인 페이지와 브린이 구글의 이사회 회장 겸 대표이사로 영입한 에릭 슈밋Eric Schmidt, 1955~이 2008년 6월 인터뷰에서 한 말이다. 슈밋은 페이지와 브린보다 18년 연상이어서 이들의 재기발랄하되 다소 치기 어린 면을 보완해주는 멘토 비슷한 역할을 맡았다. 그는 "악惡이란 세르게이 브린이 악하다고 말하는 것"이라고 유머러스하게 비꼰 적도 있다.[31]

이 'Don't be evil' 논쟁과 관련, 스탠퍼드대학 로스쿨 교수 로런스 레식Lawrence Lessig, 1961~은 2009년 이렇게 말했다. "선량한 사람들이 확신범이 되는 법입니다. 자신이 선하다고 너무나 확신한 나머지 눈이 멀어버리는 것 말이죠. 오늘날 구글이 그럴지도 모릅니다."[32]

10여 년 후인 2022년 11월 구글이 이용자의 위치 정보를 무단 수집해 사생활을 침해했다는 혐의로 미국 40개 주州에서 소송을 당하자 조사 지원 명목으로 5,000억 원이 넘는 거액을 지급하기로 합의했다. 소송을 이끈 오리건·네브래스카를 비롯한 40개 주 검찰총장들은 11월 14일 성명을 내고 "구글이 사생활 침해 조사 해결을 위해 3억 9,150만 달러(약 5,160억 원)를 지급하고, 향후 투명성과 책임성을 강화하기로 약속했다"고 밝혔다.

각 주 정부는 소장에서 "구글은 교활하고 기만적이었다"고 했는데,[33] 'Don't be evil'을 내세운 구글이 어쩌자고 그랬는지 모르겠다. 악하지 않고도 돈을 버는 것은 얼마든지 가능하겠지만, 늘 더 많이 벌려고 하는 욕심이 문제라고 할 수 있겠다.

거짓말하는 사람이
더 많이
보상받는다

Platon said that lies are not only evil in themselves, but infect the soul of those who utter them. He thereby states the uncompromising view that a moral life has room only for thruth. And the point generalises to social life: 'In plain truth, lying is an accursed vice', wrote Montaigne, 'we have no tie upon one another, other than the reliablity of our word.'(플라톤은 거짓말이 그 자체로 악일 뿐 아니라 거짓말을 하는 사람의 영혼을 타락시킨다고 말했다. 그래서 그는 도덕적 삶 속에는 진실만 있어야 한다는 견해를 강력하게 제시했다. 이러한 그의 관점은 사회생활에도 적용된다. 몽테뉴는 이렇게 썼다. "분명히 말하지만 거짓말은 저주받을 악덕이다. 상대방과의 신의를 지키는 데 우리 말의 신뢰성 이상 중요한 게 어디에 있단 말인가).

But these austere views are not universally shared. Lying finds champions in those who recognise that without lies people would have no inner privacy, that life might be infected with boredom and despair, and much evil could result. We second Homer's applause fir Odysseus's cunning and famously foxy deceits-he was a liar consummate in word and deed, elevated to heroic stature(그러나 이 엄격한 견해는 보편적으로 통용되지 않는다. 어떤 사람들은 거짓말이 없으면 내밀한 사생활이 유지되지 않고, 삶이 따분하고 절망적일 것이며, 더 많은 악이 생겨나리라고 믿는다. 우리는 오디세우스의 교묘하고 교활한 사기를 지지한 호메로스에게 박수를 보낸다. 오디세우스는 말과 행동에서 노련한 거짓말을 두루 선보여 영웅의 반열에 올랐다).[34]

영국 철학자 A. C. 그레일링A. C. Grayling, 1949~이 『미덕과 악덕에 관한 철학사전The Meaning of Things: Applying Philosophy to Life』(2001)에서 한 말이다. 그러나 거짓말이 없어서 고통받은 사람이나

경우가 얼마나 되겠는가?

A lie can travel halfway around the world while truth is putting on its shoes(진실이 신발을 신고 있는 동안 거짓말은 지구의 반 바퀴를 돌고 있을 것이다).[35] 아일랜드 작가 조너선 스위프트Jonathan Swift, 1667~1745의 말이다.

There can be no liberty for a community which lacks the means by which to detect lies(거짓을 간파하는 수단이 없는 사회에는 자유도 없다). 미국 칼럼니스트 월터 리프먼Walter Lippmann, 1889~1974의 말이다.

I was not lying. I said things that later on seemed to be untrue(내가 거짓말을 한 것이 아니라 나중에 알고 보니 사실이 아니었을 뿐이다).[37] 미국 제37대 대통령 리처드 닉슨Richard M. Nixon, 1913~1994이 거짓말로 대통령직을 물러나면서 한 말이다.

He lies not because it's in his interest, he lies

because it's in his nature(그가 거짓말을 하는 것은 그게 이득이 되어 서가 아니라 그의 천성이기 때문이다). 미국 국무부 고문을 지낸 헬무트 소넌펠드Helmut Sonnenfeldt, 1926~2012가 국무장관을 지낸 헨리 키신 저Henry Kissinger, 1923~2023에 대해 한 말이다. 애플 창업자 스티브 잡 스Steve Jobs, 1955~2011의 전기를 쓴 작가 월터 아이작슨Walter Isaacson, 1952~은 잡스도 바로 그런 경우였다며 다음과 같이 말했다.

It was in Job's nature to mislead or be secretive when he felt it was warrented. But he also indulged in being brutally honest at times, telling the truths that most of us sugarcoat or suppress. Both the dissembling and the truth-telling were simply different aspects of his Nietzschean attitude that ordinary rules didn't to him(정당 하다고 느낄 경우 종종 사람들을 오도하거나 진실을 숨기는 것이 잡스 성격의 일부였다. 반면 그는 대부분의 사람들이 포장하거나 감춰두는 사실을 말함으로 써 잔인할 정도로 솔직해지는 때도 있었다. 의도적인 거짓말과 지나친 솔직함 모두 일반적인 규칙들이 자신들에게는 적용되지 않는다고 생각는 그의 니체 철 학적 태도의 여러 측면일 뿐이었다).[38]

Liars only conceal the things that others will watch the most-usually words and facial expressions-to disguise(거짓말쟁이는 남들이 가장 많이 주시할 만한 것-주로 말과 표 정-만 감추고 위장한다). 미국 심리학자 폴 에크만Paul Ekman, 1934~ 의 말이다. 또 어떤 특징이 있을까? 에크만은 다음과 같이 말한다. A study found that, when people lie, they avoid to give direct answers and give evasive ones or speak more than

needed(한 연구 결과, 사람들이 거짓말을 할 때는 직접적인 대답을 피하고 얼버무리거나 필요 이상으로 많은 말을 하는 것으로 나타났다).[39]

As Harvard Business School professor Michael C. Jensen points out, tell a manager that he or she will get a bonus when targets are realized and two things are sure to happen. First, managers will attempt to set targets that are easily reachable by lowballing their estimates for the year ahead and poor-mouthing their prospects. Second, once the targets are set, they will do everything they can to meet them, including engaging in the kind of accounting gimmickry that boosts this year's results at the expense of the future. The result, Jensen says, is that companies are "paying people to lie."(하버드 경영대학원 교수인 마이클 젠슨은 아무 간부나 불러놓고 성과를 달성하면 보너스를 지급하겠다고 약속할 경우 두 가지 현상이 일어난다고 지적한다. 첫째, 그해 시장 전망이 안 좋다고 죽는 소리를 하면서 실적 예상치를 낮추는 동시에 성과 목표치도 쉽게 달성할 수 있는 수준까지 내릴 것이다. 둘째, 일단 목표치를 낮게 정해준 뒤에는 목표를 달성하려고 회계장부까지 건드려가면서 수단과 방법을 가리지 않고 실적을 뻥튀기할 것이다. 젠슨의 표현을 빌리자면 결과적으로 회사는 "거짓말하는 사람이 더 많이 보상받는" 곳이 된다).[40]

　　미국 언론인 제임스 서로위키James Surowiecki, 1967~의 『대중의 지혜The Wisdom of Crowds』(2004)에 나오는 이야기다. low-balling 또는 lowballing은 "고의로 싼값을 붙인 뒤, 나중에 여러 명목으로 값을 올리는 판매 기술, 가격을 과소 산정하는 것"을 말한다. 우리말

로는 그냥 '로볼'이라고 하거나 '낮은 공 던지기' 또는 '저가 견적 제시'로 번역해 쓰기도 한다. 이 용어는 야구에서 투수의 공이 낮게 들어오다가 갑자기 높아지는 것을 비유한 말이라거나 너무 높아 잡을 수 없는 공을 잡기 쉬운 낮은 공처럼 보이게 한다는 의미에서 나온 말이다.[41] poor-mouth는 "가난을 구실로 삼다, 우는 소리를 하다, 넋두리하다, 궁상떨다, (자기 능력을) 비하하다, 비방하다, 험담하다"는 뜻이다.

왜
'급진적 정직'이
나오게 되었는가?

honesty(정직)는 candor(솔직)와는 다르다. 어떻게 다를까? 우리말에서 '정직'과 '솔직'의 차이로 이해해도 무방하다. 미국의 컴퓨터 과학자로 픽사Pixar 애니메이션 스튜디오의 공동 설립자인 에드 캣멀Ed Catmull, 1945~은 『창의성을 지휘하라: 지속가능한 창조와 혁신을 이끄는 힘』(2014)에서 "정직의 중요성을 아무리 강조해도 사람들은 공포심과 자기보호 본능 때문에 종종 자신의 생각을 숨긴다. 이런 현실을 개선하기 위해서는 정직이라는 무거운 짐을 내려놓을 필요가 있다"며 다음과 같이 말한다.

"그 방안 중 하나는 '정직'이라는 단어를 뜻은 비슷하지만 윤리적 함의는 적은 단어인 '솔직함'이라는 단어로 대체하는 것이다.……덜 솔직하다고 해서 나쁜 사람이라고 매도당하진 않는다(그러나 정직하지 않은 사람이라고 불리길 원하는 사람은 없다). 사람들은 자신이 얼마나 솔직하거나 솔직하지 않은지 말하는 것에 부담을 덜 느낀다. 때때로 자신의 생각을 털어놓지 않는다고 인정해도 매도당하지 않을 것이라고 생각하기 때문이다. 이는 중요한 부분이다. 솔직함을 가로막는 장벽을 제거하려면 먼저 그런 장벽이 존재한다는 사실을 사람들이 자유롭게 얘기할 수 있어야 한다(이때 '정직'이라는 단어를 사용하면 이런 장벽의 존재를 얘기하기가 더 어려워진다)."[42]

My conversations with Gates have been underwhelming tbh(솔직히 말해서 게이츠와의 대화는 실망스러웠다). 미국의 테슬라 CEO 일론 머스크Elon R. Musk, 1971~가 2020년 2월 18일 트위터에 올린 트윗이다. 마이크로소프트 창업자 빌 게이츠Bill Gates, 1955~와 사이가 좋지 않은 머스크는 그간 게이츠에 대해 불편한 감정을 자주 트위터를 통해 드러내왔는데, 게이츠와 어떤 사이인지 궁금해하는 팔로워들을 위해 그런 트윗을 올린 것이다.

underwhelming은 '실망스럽다', '기대에 못 미친다'는 뜻이다. 반대로 긍정적 의미의 놀라움을 표현할 때엔 "I'm overwhelmed!"라고 하면 된다. tbh는 'to be honest'의 줄임말로 '솔직하게 말해서', '거짓말 보태지 않고'의 뜻이다. 'honestly'라는 부사형으로 바꿔도 된다. 이와 관련, 정미경은 이렇게 말한다. "비슷한 의미로 'frankly'가 있습니다. 하지만 'frankly'는 남을 불편하게 할 수 있을 정도의 노골적인 솔직함을 의미하기 때문에 조심

해서 써야 합니다. 머스크는 빌 게이츠의 마음을 상하게 할 일은 없으니까 'tbh' 정도가 적당합니다."[43]

임귀열은 "미국인들이 흔히 쓰는 'To be honest with you'는 지난 20~30년 사이에 사용 빈도가 높아진 말이다. 그러나 이제는 식상한 어구가 됐다"며 이렇게 말한다. "이 말을 고전적 표현 'frankly'나 'honestly' 혹은 'truthfully'로 바꿔 말해도 여전히 식상한 느낌을 준다. '왜냐하면', '솔직히 말해서' 같은 말 속에는, 이전에는 솔직하지 못했다는 의미가 담겨 있기 때문이다. 이런 표현은 'you know'나 'like'를 입버릇처럼 내뱉는 것만큼 상투적이다. 말의 내용과 상관없이 신선한 느낌을 없애버린다."[44]

He is not a jogger but an honest-to-God runner(조 거가 아니고 정말 러너다). 미국 제43대 대통령 조지 W. 부시George W.

Bush, 1946~의 대통령 시절 경호원이었던 댄 에멧Dan Emmett이 대통령들의 달리기 실력을 비교한 책 『가까운 거리에서Within Arm's Length』(2012)에서 부시의 달리기 실력에 대해 한 말이다.

부시는 1993년 46세 때 첫 출전한 휴스턴 국제마라톤대회에서 3시간 44분 52초로 완주했는데, 대통령 재임 시절(2001.1.20.~2009.1.20) 아침에 조깅을 할 때마다 너무 빨리 달려서 경호원들이 따라잡지 못할 정도였다고 한다. honest-to-God는 "정말로, 틀림없이, 정말, 맹세코"란 뜻인데, 줄여서 'HTG'라고도 한다.[45]

Honesty is the best policy(정직이 최상의 방책이다). 서양 속담이다. 스페인 작가 미겔 데 세르반테스Miguel de Cervantes, 1547~1616의 『돈키호테Don Quixote』(1605)에 나오는 말이라고 하는데,[46] 그 이전부터 존재했던 것일 수도 있다.

Honesty is the best policy-when there is money in it(정직이 최상의 방책이다. 돈이 될 경우라면 말이다).[47] 미국 작가 마크 트웨인Mark Twain, 1835~1910의 말이다.

We must make the world honest before we can honestly say to our children that honesty is the best policy(우리는 아이들에게 정직이 최상의 방책이라고 정직하게 말할 수 있게 하기 위해 세상을 정직하게 만들어야 한다).[48] 아일랜드 작가 조지 버나드 쇼George Bernard Shaw, 1856~1950의 말이다.

Let none of us delude himself by supposing that honesty is always the best policy. It is not(정직이 늘 최상의 방책이라고 추정함으로써 그런 착각에 빠지는 사람이 없도록 하자. 그건 진실이 아니다).[49] 영국 작가이자 성공회 신부 윌리엄 랄프 잉게William Ralph Inge, 1860~1954의 말이다.

정직이 최상의 방책이라는 건 현실 세계에서는 잘 통하지 않는 말이다. 특히 인간관계에선 더욱 그렇고, 그래서 스트레스를 받는 사람이 많다. 성식의 대상은 늘 타인인가? 그렇진 않다. 오히려 자기 자신에게 정직하라고 권하는 전문가도 많다.

미국의 신경과학자 캔더스 퍼트Candace Pert, 1946~2013는 『감정의 분자Molecules of Emotion』(1997)에서 스트레스를 줄이기 위해선 자기정직성Self-honesty이라는 습관을 갖는 게 필요하다고 말한다. "자기정직성이란 자신에게 진실한 상태, 남들뿐만 아니라 자신에게도 약속을 지키면서, 자기 본연의 상태로 살아가는 것이다.……항상 진실을 말하라고, 나는 내 아이들에게 오랫동안 반복해서 말해왔다. 그것이 단지 도덕적 의무라서가 아니라, 병 없이 건강한 길을 가도록 너희를 보호하기 때문이라고!"[50]

아예 '급진적인 정직 운동'을 하는 사람도 있다. 미국의 심리치료사 브래드 블랜턴W. Brad Blanton, 1940~은 1994년에 출간한 『급진적 정직: 진실만을 말해 인생을 바꾸는 법Radical Honesty: How to Transform Your Life by Telling the Truth』에서 자기계발 프로그램을 제시했다. 거짓말을 하는 게 스트레스의 근원이므로 자신의 생각과 감정을 솔직하게 드러내는 게 좋다는 것이다.[51]

그런 프로그램의 수준은 아닐망정 화법의 한 형식으로 Radical

Honesty를 택하는 사람들도 있다. 임귀열은 "2009년 Fox 방송 프로그램 〈Lie to me〉 시리즈에서는 배우 Brendan Hines가 직설화법 연기를 선보였다. 극중에서 그는 숨기거나 에둘러 말하지 않고 거칠 정도로 솔직담백하게 말했다. 이런 화법을 'Radical Honesty'라고 부르는데 언어심리학 용어만은 아니다. 미국인들도 내키지 않는 일을 거절할 때 고민이 많고 '서운하다', '기분 나쁘다' 등의 감정을 표현하기 어려워한다"며 다음과 같이 말한다.

"예를 들어 평소 남에게 베풀지 않는 Tom이 'Can you give me a ride to the theater(영화관까지 태워줄 수 있니)?'라고 부탁한다면 어떻게 거절해야 할까. 물론 Tom에게 '당신은 이기적이고 자기중심적인 사람'이라고 확실히 지적한 후 호의를 베푸는 사람도 있다. 반면 'That won't be possible', 'You'll just have to get over it'이라며 단호하게 거절하는 사람도 있다. '안 돼, 어림없어'라는 것인데 매우 직설적인 화법이다. 특히 'Get over it'은 'Forget it'의 뜻으로서 '꿈도 꾸지 마라', '이제는 어림없다'라는 냉소적인 뜻이다. 이런 말을 하기 어렵다면 'It just didn't work out that way(사정이 안 돼)', 'I'm really tired, can you drive tonight(오늘은 정말 피곤하니까 네가 운전해서 가라)?'라고 하는 것도 좋다."[52]

제3장

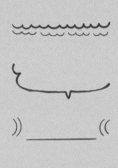

공동체 · 군중 · 문화 · 자유 · 지식인

community

우편번호가
공동체를
대체했다

고대 프랑스어 communeté(공유)와 라틴어 communitatem(관계 또는 감정의 공유)에서 유래한 community(공동체)는 14세기부터 영어에 존재했는데, 19세기 이후 산업사회가 확대되어 복잡해진 상태에서 직접성과 지역성을 강조하는 의미가 크게 발달했다. 특히 그때까지 없던 형태의 집단생활과 그 실험을 논의할 경우 자주 사용하는 단어가 되었다.[1]

　The idea of 'community' has always held a special attraction for Americans. The notion is equally appealing to politicians on the right and the left of the ideological spectrum('공동체'라는 개념은 미국인에게 항상 특별한 매력이 있었다. 이 관념은 이데올로기적 스펙트럼에서 좌우익을 불문하고 정치가들이 똑같이 마음에 들어 했다). 미국 경제학자 로버트 라이시Robert B. Reich, 1946~가

『국가의 일The Work of Nations』(1991)에서 한 말이다. 이어 그는 다음
과 같이 말했다.

Ronald Reagan celebrated America's "bedrock, its
communities where neighbors help one another, where
families bring up kids to gether, where American values
are born." Mario Cuomo, of a different political leaning,
has been almost as lyrical. "Community is the reality on
which our national life has been founded." There is only
one problem with Reagan's and Cuomo's campaigns for
community. In real life, most Americans no longer live in
traditional communities(로널드 레이건은 "가족들이 아이들을 함께 키
우며 미국의 가치가 태어나고, 이웃들이 서로 돕는 미국의 기반인 공동체"에 대
해서 찬양했다. 마리오 쿠오모는 다른 정치 성향을 가진 인물인데 거의 서정적
이었다. "공동체는 우리 국가의 생명이 기초하고 있는 현실이다." 레이건과 쿠

오모의 공동체를 위한 캠페인에는 한 가지 문제밖에 없다. 실제 생활에서 대부분의 미국인은 전통적인 공동체에 살지 않는다는 것이다).[2]

전통적인 공동체에 살지도 않으면서 왜 공동체를 그렇게 애틋하게 생각한 걸까? 그리고 전통적인 공동체가 과연 그렇게 좋기만 한 것이었을까? 19세기 영국의 언론인이자 문필가인 월터 배젓Walter Bagehot, 1826~1877은 공동체의 억압적인 효과에 대해 다음과 같이 말했다는 걸 상기할 필요가 있겠다.

You may talk of the tyranny of Nero and Tiberius; but the real tyranny is the tyranny od your next-door neighbour. What law is so cruel as the law of doing what he does? What yoke is so galling as the necessity of being like him? What espionage of despotism comes to your door so effectually as the eye of the man who lives at your door? Public opinion is a permeating influence, and it exacts obedience ti itself; it requires us to think other men's thoughts, to speak other men's words, to follow other men's habits(당신은 로마의 네로나 티베리우스 같은 폭군을 말할지 모르겠다. 그러나 진짜 폭군은 당신 옆집에 사는 이웃이라는 폭군이다. 그 사람이 하는 일을 나도 해야 한다는 법보다 혹독한 법이 세상에 어디 있는가? 그 사람처럼 되어야 한다는 필요보다 짜증 나는 멍에가 또 어디에 있는가? 당신 집 바로 옆에 사는 사람의 눈보다 효과적으로 당신 집을 염탐하는 독재의 스파이가 또 어디에 있는가? 여론은 사람을 파고드는 힘이며, 자신에게 복종할 것을 강제한다. 여론은 우리에게 다른 사람이 생각하는 대로 생각하고, 다른 사람이 말하는 대로 말하고, 다른 사람의 습관을 따를 것을 요구한다).[3]

　　물론 그런 이유 때문만은 아니었겠지만, 도시화를 수반한 문명의 발달은 전통적인 공동체를 사실상 거의 소멸시켰다. 이제 다시 과거로 돌아갈 수는 없다는 걸 아는 사람들은 입으로만 전통적인 공동체를 예찬하는 자위의 수단을 발견했다. 동시에 전통적인 공동체가 사라진 세상이 마냥 좋지만은 않다는 것도 실감하게 되었다. 다시 로버트 라이시의 말을 들어보자. 두 단락으로 나누어 감상해보자.

　　There is only one thing Americans increasingly have in common with their neighbors, and this commonality lies at the heart of the new American 'community.' It is their income levels. You can bet without much risk that you earn about the same amount as the folks down the street. Your educational backgrounds are similar, you pay roughly the same amount in taxes, and you indulge the same consumer impulses(미국인들이 이웃들과 점점 더 많이 공유하는 것은 한 가지밖에 없으며 이 공통성은 새로운 미국 '공동체'의 핵심이다. 그것은 바로 그들의 소득수준이다. 당신은 당신이 살고 있는 거리의 주민들과 거의 비슷한 소득일 것이 틀림없다. 당신들의 교육 배경은 비슷하고 거의 비슷한 세금을 내고 똑같은 소비자로서의 충동을 만족시킨다).

The best definition of 'community' is now the zip code used by direct-mail marketers to target likely customers. "Tell me someone's zip code and I can predict what they eat, drink, and drive-even think," enthuses the founder of one zip-code marketing firm('공동체'의 가장 좋은 정의는 유사한 소비자들을 목표로 삼는 우편 판매업자들이 사용하는 우편번호이다. 한 우편 판매회사의 설립자는 "나에게 누군가의 우편번호를 알려주면 나는 그들이 무엇을 먹고, 마시고, 타고 다니며 심지어는 무엇을 생각하는지도 예측할 수 있다"라고 열을 낸다).[4]

미국만 그런 게 아니라 한국도 그렇다. 우리는 우편번호가 사실상 공동체를 대체한 '우편번호 공동체'에 살고 있는 셈이다. 어디 그뿐인가? 단지 잠만 자는 동네도 생겨났다. 이런 변화를 매우 부정적으로 보는 미국의 미래학자 제러미 리프킨Jeremy Rifkin, 1945~은『유러피언 드림The European Dream』(2004)에서 다음과 같이 말한다.

Some-not all-are communities in name only. An increasing number of Americans live in 'bedroom communities', an obvious oxymoron. Culturally barren and nondescript, American suburbs can be isolated

places to live(전부 다는 아니라고 해도 일부 주택 단지들은 이름만 공동 사회일 뿐이다. 이런 '숙박용 동네bedroom community'에 사는 미국인들이 점점 많아지고 있다. 개성이 없고 문화적으로 황폐한 미국의 교외는 격리된 섬과 같은 주거지다).[5]

eBay's success as a company depends on the success of the community of sellers(회사로서 이베이의 성공은 판매자 커뮤니티의 성공에 달려 있다). 세계 최대의 온라인 경매업체인 이베이eBay 창업자인 피에르 오미디야르Pierre Omidyar, 1967~의 말이다. 그의 말을 더 들어보자.

What makes eBay successful, the real value and the real power at eBay is the community. It's the buyers and sellers coming together and forming a market place(무엇이 이베이를 성공하게 만드는가? 이베이의 진정한 가치와 진정한 힘은 커뮤니티이다. 이베이는 구매자와 판매자가 함께 모여 시장을 형성하는 곳이다).[6]

이베이의 성공이 시사하듯이, 전통적 커뮤니티는 죽고 온라인 커뮤니티만 번성하고 있다. 그래서 오늘날엔 한국에서조차 커뮤니티라고 하면 곧 온라인 커뮤니티로 받아들이는 게 상식이 되었다.

군중은
늘 공감으로
생각한다

There is no one so fearful as to predict what to do as an uncontrolled crowd without a leader, but on the other hand there is no one as vulnerable(지도자가 없어서 통제되지 않는 군중만큼 무슨 짓을 할지 예측할 수 없는 무서운 존재도 없지만, 반면에 이것처럼 취약한 존재도 없다).[7] 이탈리아 정치가이자 사상가인 니콜로 마키아벨리Niccolò Machiavelli, 1469~1527의 말이다.

A crowd always thinks with its sympathy, never with its reason(군중은 늘 이성이 아닌 공감으로 생각한다). 미국 유니테리언 목사, 작가, 노예 폐지론자였던 윌리엄 앨저William Rounseville Alger, 1822~1905의 말이다.

In crowds it is stupidity and not mother wit that is accumulated. Crowds can never accomplish acts

demanding a high degree of intelligence, and they are always intellectually inferior to the isolated individual(집단 내에 쌓여가는 것은 재치가 아니라 어리석음이다. 집단은 높은 지능이 필요한 행동을 할 수 없으며, 소수 엘리트보다 언제나 지적으로 열등하다).[8]

프랑스의 사회심리학자 귀스타브 르봉Gustave Le Bon, 1841~1931이 『군중심리The Crowd: A Study of the Popular Mind』(1895)에서 한 말이다. mother wit은 '타고난 지혜, 상식'을 뜻한다. He is illiterate, but a man of strong mother wit(그는 교육은 받지 못했으나 상식은 풍부한 사람이다). 르봉이 crowd를 전적으로 폄하하기만 한 건 아니다. 그는 조건을 달아 그들의 우월성을 다음과 같이 역설했다.

If you put together a big enough and diverse enough group of people and ask them to "make decisions affecting matters of general interests," that group's decisions will, over time, be "intellectually [superior] to the isolated individual," no matter how smart or well-informed he is(매우 다양한 사람들을 아주 많이 모아서 공익에 관련된 사안을 결정하게 할 수 있다면, 시간이 갈수록 집단의 결정이 개개인의 결정보다 지적으로 우월하다는 것이 드러날 것이다. 개개인이 아무리 똑똑하고 지식이 많다 해도 이 사실은 변함이 없다).[9]

Anyone taken as an individual is tolerably sensible and reasonable-as a member 0f a crowd, he at once becomes a blockhead(개인은 누구든 현명하고 합리적이다. 그러나 집단의 일원이 되면 바로 바보가 된다).[10] 미국 정치가이자 금융가인 버나드 바루크Bernard Baruch, 1870~1965의 말이다. 그는 경제도 바로 그런 집단의 비합리성에 의해 움직이기도 한다며 다음과 같이 말했다.

All economic movements, by their very nature, are motivated by crown psychology. Without due recognition of crowd thinking……our theories of economics leave much to be desired.……It has always seemed to me that the periodic madnesses which afflict mankind must reflect some deeply rooted trait in human nature.……It

is a force wholly impalpable.……yet, knowledge of it is necessary to right judgment on passing events(모든 경제적 행위는 본디 군중심리를 따르게 되어 있다. 군중의 사고를 제대로 인식하지 못하는……경제 이론은 수많은 허점을 갖게 된다.……내가 보기에 인류를 사로잡는 시대의 광기에는 우리의 본성 깊숙이 뿌리 내린 특성이 작용하는 것 같다.……이것은 실체를 확인할 수 없는 무형의 힘이지만……이것을 이해해야만 당면한 사건들을 올바르게 판단할 수 있다).[11]

　　crowd-surfing(크라우드 서핑)은 록 콘서트 등에서 열기가 한껏 고조될 때에 가수가 무대에서 관중의 머리 위로 뛰어올라 엎어지면 관중이 손으로 그의 몸을 이동시키는 해프닝을 말한다. body surfing이라고도 한다. 미국 가수 이기 팝Iggy Pop, 1947~이 1970년 '신시내티 서머 팝 페스티벌Cincinnati Summer Pop Festival'에서 처음 선

보인 것으로 알려졌다.[12]

캘리포니아 리버사이드Riverside에서 발행되는『프레스 엔터프라이즈Press Enterprise』 2003년 9월 20일자엔 이런 기사가 실렸다. A month later, 14-year-old Chris King suffered fatal injuries when he was dropped on his head while crowd-surfing at the Masterdome(한 달 후 14세 먹은 크리스 킹은 마스터돔에서 크라우드 서핑을 시도하다가 머리가 바닥으로 떨어지는 바람에 중상을 당했다).[13]

Self-service enabled Google to sell advertising for a nickel a click and Skype to sign up 60 million users in two-and-a-half years. Both are examples where users happily do for free what companies would otherwise have to pay employees to do. It's not outsourcing, it's 'crowdsourcing.'(셀프서비스를 통해 구글은 고객이 1번 클릭할 때마다 광고주에게서 5센트를 받고 광고할 수 있도록 했으며, 인터넷 통신회사 스카이프는 2년 6개월 만에 6,000만 명의 사용자들을 확보했다. 구글과 스카이프는 모두 직원들에게 시키려면 돈이 드는 일을 사용자들이 무료로 즐겁게 하도록 만들어준 사례다. 이것은 아웃소싱과는 다른 개념으로 다수의 군중을 대상으로 한다는 점에서 '크라우드소싱'이라 할 수 있다).[14]

미국의 IT 전문지『와이어드 매거진Wired Magazine』의 편집장 크리스 앤더슨Chris Anderson, 1961~이『롱테일 경제학The Long Tail: Why the Future of Business Is Selling Less of More』(2006)에서 한 말이다. crowdsourcing(크라우드소싱)은『와이어드 매거진』의 제프 하우Jeff Howe가 2005년에 만든 용어로 군중crowd과 아웃소싱outsourcing의 합성어다. 하우는 2008년『크라우드소싱Crowdsourcing: Why the

Power of the Crowd Is Driving the Future of Business』을 출간했다.

crowdsourcing은 다른 여러 하부 개념을 낳고 있다. crowdvoting은 웹사이트를 이용한 여론조사나 시장조사를 말한다. crowdsearching은 네티즌들이 힘을 합해 잃어버린 사람이나 물건을 찾는 것, crowdfunding은 네티즌들이 각자 소액을 내 큰 자금을 만드는 것이다. 물론 이런 식으로 무한 변용이 가능하다.[15]

civic crowdfunding은 지역사회에서 박애의 목적으로 하는 크라우드펀딩이며, investment crowdfunding은 크라우드펀딩을 주식·증권 투자에 적용하려는 것이다. crowdfunding과 유사한 것으로 micropatronage가 있는데, 이는 아무 조건 없는 일방적인 기부라는 점에서 차이가 있다. micropatronage가 전통적인 후원patronage과 다른 점은 소수 다액 기부가 아니라 다수 소액 기부라는 점이다. 2005년 미국에서 블로거 제이슨 코트케Jason Kottke, 1973~의 지지자들이 그의 생활비를 다수 소액 형식으로 기부함으로써 널리 알려진 방식이다.[16]

왜 스티브 잡스는
빌 게이츠를
경멸했는가?

"'culture'는 영어에서 가장 복잡한 단어 두셋 중 하나로 손꼽힌다. 그것은 이 단어가 유럽의 몇몇 언어와 얽혀 복잡한 역사적 전개를 이루었기 때문인데, 이보다 주된 이유는 이 단어가 현재 여러 학문 분야나 서로 다른 사상 체계에서 중요한 개념으로 사용되기 때문이다."[17] 영국의 문화비평가 레이먼드 윌리엄스Raymond Williams, 1921~1988의 『키워드』(1983)에 나오는 culture에 대한 해설 중의 일부다.

culture는 "밭을 경작하다, 신체를 훈련하다"는 뜻의 라틴어 동사 colo(형용사 cultus, 명사 cultura)에서 유래했으며, 이는 나중에 '마음의 경작'이라는 의미로 쓰이게 되었다.[18] 그리하여 문화는 흔히 "지식, 신념, 예술, 도덕, 법, 그리고 그 밖에 사회의 성원으로서의 인간에 의해 획득된 능력과 습관 등을 포함하는 모든 것"으로 정의되어 왔다.

By the nineteenth century "culture" had become a name for the intellectual and aesthetic side of civilization.……In Matthew Arnold's familiar phrase, "Culture" was "the acquainting ourselves with the best that has been known and said in the world."(19세기에 들어와서 '문화'라는 말은 문명의 지적이고 심미적인 면을 지칭하기에 이르렀다.…… 매슈 아널드의 친숙한 구절 중에서 문화란 "이 세상에 알려진, 그리고 말해진 최상의 것과 우리가 접하게 된다는 것"을 의미하고 있었다).[19]

미국 역사가 대니얼 부어스틴Daniel J. Boorstin, 1914~2004이 『발견

자들The Discoverers』(1983)에서 한 말이다. 매슈 아널드Matthew Arnold, 1822~1888는 영국의 시인이자 평론가로 문화에 관한 논의에 큰 영향을 미친 인물이다.

No culture can live, if it attempts to be exclusive(배타적인 문화는 살아남을 수 없다).[20] 인도 지도자 마하트마 간디Mahatma Gandhi, 1869~1948의 말이다.

캐나다 인류학자 칼레르보 오버그 Kalervo Oberg, 1901~1973는 1960년 오늘날 우리가 널리 쓰고 있는 culture shock(문화 충격)란 말을 만들어냈다. 그는 문화 충격이 엄청난 스트레스와 압박을 야기하는 '정체성 혼란 상태identity disorientation state'를 만든다고 주장했다.[21] 문화 충격을 잘 이겨내고 현지에 적응한 사람이 자국에 돌아갔을 때 느끼는 문화 충격을 '역문화 충격reverse culture shock'이라고 한다.[22]

The affluence of middle-class America in the 1950s had its counterpart in a widespread 'middlebrow' culture. The term itself reflected the new style of cultural criticism. In effect, culture, as it came to be conceived in the mass middle-class magazines, was not a discussion of serious works of art but a style of life that was organized and 'consumed.'(1950년대에 중산계급이 풍요해지고, 층이 두터워졌다. 그 때문에 광범한 '미들브라우' 문화가 번성하게 되었다. '미들브라우'라는 말에 이미 새로운 스타일의 문화 비평이 담겨져 있다. 실제로 중산계급 상대의 대중 잡지에서 사용하게 되면서, 문화라는 말도 변질되어갔다. '문화란 예

술에 대해 진지하게 토의하는 일'을 의미하지 않게 되었다. 조직적으로 만들어지고 '소비되는' 생활 스타일을 가리키게 된 것이다).[23] 미국 사회학자 대니얼 벨Daniel Bell, 1919~2011이 『자본주의의 문화적 모순The Cultural Contradictions of Capitalism』(1976)에서 한 말이다.

A political strategy which doesn't take account of cultural questions is living in the past(문화적 문제를 고려하지 않는 정치 전략은 과거에 얽매여 있는 것이다). 레이먼드 윌리엄스가 1979년 사회주의자의 정치 전략을 묻는 질문을 받고 한 대답이다.[24]

Cultural legacies determine our attitude and behaviors by determining our ways of understanding the world(문화적 배경은 우리가 세계를 이해하는 방식을 결정함으로써 우리의 태도와 행동을 결정한다).[25] 미국 작가 맬컴 글래드웰Malcolm Gladwell, 1963~의 말이다.

They don't bring much culture into their products(마이크로소프트는 그들의 제품에 문화를 담지 않는다).[26] 애플의 스티브 잡스Steve Jobs, 1955~2011가 1996년에 제작된 다큐멘터리 〈바보들의 승리Triumph of the Nerds〉에 출연해 마이크로소프트와 그 창업주인 동갑내기 빌 게이츠Bill Gates, 1955~에 대해 한 말이다.

잡스가 완벽주의적인 예술가 자세를 취했다면, 게이츠는 실용주의적인 사업가적 자세를 취했다. 그런 차이로 인해 현실 세계에서 운영체제의 승자는 마이크로소프트였다. 그랬으니 평소 게이츠를 경멸해온 잡스의 심기가 편했을 리 만무했다. 잡스는 다음과 같이 불평했다.

The only problem with Microsoft is they just have no

taste, they have absolutely no taste. I don't mean that in a small way. I mean that in a big way, in the sense that they don't think of original ideas and they don't bring much culture into their product(마이크로소프트의 유일한 문제는 미적 감각이 없다는 겁니다. 감각이 전혀 없어요. 사소한 의미에서가 아니라 중요한 의미에서 그렇다는 말입니다. 독창적인 아이디어를 생각해내지도 못하고 제품에 문화적인 요소를 별로 가미하지도 못하니까요).[27]

소비자는
당신의
배우자다

"프리덤은 '개인의 의지대로 행위할 수 있는 상태'를 의미하지만, 리버티는 '개인의 의지대로 행위하는 데 억압받지 않을 권리'에 가깝다. 미국 독립선언문이나 미국 헌법 전문에 리버티는 나오지만 프리덤은 나오지 않는다. 프리덤은 수정헌법 제1조, 표현과 언론의 자유를 논하면서 한 번 나오는 게 전부다. 결국 미국의 건국 이념에서는 절대적인 자유보다는 공동체 사회의 상대적 자유를 중시했음을 짐작할 수 있다."[28] 미국 언어학자 로버트 파우저Robert J. Fouser, 1961~가 freedom과 liberty의 차이에 대해 한 말이다.

영국의 역사가·철학자·정치사상가인 이사야 벌린Isaiah Berlin, 1909~1997은 1958년 '자유의 두 가지 개념'이라는 강연에서 자유를 '소극적 자유negative freedom'와 '적극적 자유positive freedom'로 구분했다. 소극적 자유는 남의 간섭과 방해를 받지 않고 원하는 대로 행동

할 수 있는 권리가 보장되는 자유이며, 적극적 자유는 공동체 참여를
통해 자아실현을 할 수 있는 자유를 말한다.[29]

벌린은 소극적 자유를 진정한 자유로 보았으며, 적극적 자유는
가치에 관한 일원론적 관점을 전제한다는 점에서 위험하다고 보았다.
가치 일원론이란, "사람들이 믿어온 모든 적극적 가치들이 궁극적으
로 양립 가능하며, 어쩌면 그것들 사이에 서로 밀접한 연관성이 있다
는 확신"을 가리키는데, 이 관점에 따르면, "국가, 계급, 국민"이라는
주체가 이성이나 역사의 필연성이라는 이름 아래 진정한 자유의 목표

를 설정하고 사람들로 하여금 그것을 자발적으로 수용하도록 강제하는 것이 얼마든지 가능해진다.[30]

　실제로 나치 독일과 구舊소련과 같은 국가들이 바로 이 적극적 자유 개념에 호소하여 당시의 체제를 정당화했으며, 자신들이 자유의 진정한 친구인 양 확신하는 기이한 일이 벌어졌다.[31] 벌린은 그런 역사적 상황에 경종을 울리기 위해 '자유의 두 가지 개념'을 제시한 것이었다. 그는 훗날(1989년) 한 인터뷰에서 당시 기세를 올리던 사회주의, 공산주의 등 좌파적 사고에 대항해 자유주의를 옹호하려는 것이 자신의 의도였다고 고백했다.[32]

　The secret of happiness is freedom, and the secret of freedom, courage(행복의 비결은 자유에 있고, 자유의 비결은 용기에 있다).[33]『펠로폰네소스 전쟁사』의 저자인 고대 그리스의 역사가 투키디데스Thucydides, B.C.460~B.C.400의 말이다.

　In the old days, freedom was something you used.······it has now become something you save-

something you put away and protect like your other possessions-like a deed or a bond in a bank(예전에 자유라는 것은 행사하는 것이었다. 지금은 은행에 맡긴 증서나 증권과 마찬가지로 저장하는 것, 다른 소유물과 마찬가지로 소중히 간직하는 것이 되고 말았다).[34] 미국 시인 아치볼드 매클리시Archibald MacLeish, 1892~1982가 『애틀랜틱』 1949년 8월호에 기고한 글에서 한 말이다.

Freedom takes a lot of work(자유엔 많은 노력이 들어간다). 미국 화가 노먼 퍼시벌 록웰Norman Perceval Rockwell, 1894~1978이 'Working on the Statue of Liberty(자유의 여신상에서 일하며)'라는 자신의 작품에 설명으로 붙인 유명한 문구다. 이 그림은 원래 1946년 잡지 『새터데이 이브닝 포스트』 표지에 실린 것이었는데, 현

재는 백악관의 대통령 집무실에 걸려 있다. 정미경은 "이 그림은 자유의 여신상의 화려한 자태를 보여주지 않습니다. 여신상이 오른손에 들고 있는 횃불을 청소하는 5명의 인부가 초점입니다"라면서 다음과 같이 말했다.

"아찔하게 높은 곳이기 때문에 팀워크는 생명입니다. 인부들은 서로 손발을 맞춰가며 횃불을 청소합니다. 밧줄에 양동이, 빗자루가 대롱대롱 걸려 있습니다. 이런 평범한 사람들의 노고가 있기에 미국이 번영할 수 있다는 것이 작품의 메시지입니다……'take work'는 '노동이

들어가다', '노력이 투입되다'라는 뜻입니다. 작게는 자유의 여신상을 청소하는 인부들의 노력, 크게는 자유의 나라 미국을 지키는 국민의 노력을 말합니다."[35]

There can be no real freedom without the freedom to fail(실패할 자유가 없다면 진정한 자유는 있을 수 없다). 미국 작가 에릭 호퍼Eric Hoffer, 1902~1983의 말이다. 그는 이런 명언도 남겼다. To some, freedom means the opportunity to do what they want to do; to most it means not to do what they do not want to do(자유란 일부에게는 하고 싶은 것을 할 수 있는 기회를 의미하지만, 대부분에게는 하고 싶지 않은 일을 하지 않는 것을 의미한다).[36]

An organizer working in and for an open society is in an ideological dilemma. To begin with, he does not have a fixed truth-truth to him is relative and changing; everything to him is relative and changing. He is political relativist(열린 사회에서 열린 사회를 위해 일하는 조직가는 이데올로기적 딜레마에 빠져 있다. 일단 그에게는 고정된 진리가 없다. 그에게 진리란 상대적이며 변화하는 것이다. 그에게는 모든 것이 상대적이고 변화하는 것이다. 그는 정치적 상대주의자다).

미국의 급진적 빈민운동가이자 지역사회 조직가인 솔 알린스키Saul Alinsky, 1909~1972가 『급진주의자를 위한 규칙: 현실적 급진주의자를 위한 실천적 입문서Rules for Radicals: A Pragmatic Primer for Realistic Radicals』(1971)에서 한 말이다. 이어 그는 미국 판사 러니드 핸드Learned Hand, 1872~1961의 다음 말을 받아들여야 한다고 역설했다. The mark of a free man is that ever-gnawing inner uncertainty as to whether or not he is right(자유로운 인간의 징표는 자신이 옳은지 그른지에 대해 영원히 고뇌하는 내적인 불확실성에 있다).[37]

Freedom is nothing but a chance to be better(자유란 단지 좀더 발전할 수 있는 기회일 뿐이다).[38] 프랑스 작가 알베르 카뮈 Albert Camus, 1913~1960의 말이다.

We do not believe that in this country, freedom is reserved for the lucky, or happiness for the few(우리는 이 나라에서 자유가 행운을 가진 자들을 위한 것이고, 행복이 소수를 위한 것이라고 믿지 않는다). 미국 제44대 대통령 버락 오바마Barack Obama, 1961~의 2013년 2기 취임사의 핵심 구절이다. 1기 때 국민 화합을 강조했던 오바마는 2기 취임사에서 평등과 차별 철폐의 메시지에 주력했다.[39]

과격파·온건파
지식인의
화법 차이

intellectual은 14세기부터 아주 일반적인 의미에서 지성과 이해력을 일컫는 intelligence의 일반 형용사였지만, 나중에 '지성의 능력 또는 과정'을 뜻하는 명사로 바뀌었다. 19세기 초엔 어떤 범주의 사람들을 다소 호의적이지 않은 감정으로 일컫는 intellectuals라는 흥미로운 용법이 등장했다. 형용사로서 intellectual은 중립적이고 일반적인 의미를 계속 지니고 있었지만, 새로운 의미의 intellectuals에 대해서는 부정적인 함의가 노골적인 형태로 드러났다.

왜 그랬을까? 영국의 문화비평가 레이먼드 윌리엄스Raymond Williams, 1921~1988의 『키워드』(1983)에 따르면, "그 이유는, 복잡하지만 한 가지 확실히 말할 수 있는 것은 거기에는 이론이나 합리적인 원리를 바탕으로 한 사회적·정치적 논의에 대한 저항 또는 적대감이 포함되어 있다는 점이다."[40]

I'm firmly convinced that not only a great deal, but every kind, of intellectual activity is a disease(나는 지적 활동은 과도한 것뿐만이 아니라 모든 종류를 막론하고 일종의 질병이라고 굳게 믿는다).[41] 러시아 작가 표도르 도스토옙스키Fyodor Mikhailovich Dostoevskii, 1821~1881의 말이다.

The man of knowledge must be able not only to love his enemies but also to hate his friends(지식인이라면 적을 사랑할 수 있을 뿐만 아니라 친구를 미워할 수도 있어야 한다).[42] 독일 철학자 프리드리히 빌헬름 니체Friedrich Wilhelm Nietzsche, 1844~1900의 말이다.

An intellectual is a man who takes more words than necessary to tell more than he knows(지식인은 아는 것보다 더 많은 것을 이야기하기 위해 필요한 것보다 더 많은 말을 하는 사람이다). 미국

제34대 대통령 드와이트 아이젠하워Dwight D. Eisenhower, 1890~1969의 말이다.

이에 대해 공화당 정치인 밥 돌Bob Dole, 1923~2021은 『대통령의 위트: 조지 워싱턴에서 부시까지』(2001)에서 이렇게 말했다. Having twice defeated the erudite 'egghead' Adlai Stevenson, Ike was entitled to his prejudices(아이크는 박식한 '지식인' 아들라이 스티븐슨을 두 차례 꺾으면서, 선입견을 가질 만도 했다).[43] 스티븐슨은 1952년과 1956년 대선에서 민주당 대통령 후보였지만, 두 차례 모두 아이크(아이젠하워의 애칭)에 패배했다. egghead는 '(경멸적 의미의) 지식인'인데, 스티븐슨의 별명이기도 했다.

Where do fanatics come from? Mostly, they come from intellectual classes that are not creative(광신자들은 어디에서 오는가? 대부분은 창조적이지 못한 지식층에서 나온다). 미국 작가 에릭 호퍼Eric Hoffer, 1902~1983의 말이다. 노동자 출신의 독학자이자 체험 위주의 지식인이라서 그런 걸까? 다음 명언도 일반적인 지식인에게는 뜨끔하게 여겨질 것 같다. No matter how much the resisting intellectuals believe that they are fighting for the trampled and the wounded, the anger that makes them alive is personal feelings of their own almost without exception(저항하는 지식인이 아무리 자신은 짓밟히고 상처 입은 자들을 위해 싸우는 것이라고 믿어도, 그를 살아 움직이게 하는 분노는 거의 예외 없이 자신의 사적인 감정이다).[44]

If I were to make a list of all the topics on which journalists ask to interview me, you would be alarmed: it runs the gamut from the threat of nuclear war and the length of skirts to the evolution of Eastern Europe, hooliganism, racism, and AIDS. People confer upon sociologists the role of a prophet able to give coherent and systematic answers to all matters of social existence. This function is disproportionate and untenable; it is insane to bestow it on anybody(인터뷰할 때 기자들이 제게 묻는 주제의 목록을 열거하면 깜짝 놀랄 겁니다. 그 목록은 핵전쟁의 위협과 스커트의 길이에서부터 동유럽의 변화, 훌리거니즘[폭력], 인종차별주의, 에이즈 등에 이

르기까지 전 분야에 걸쳐 있습니다. 사람들은 사회학자들에게 사회적 존재의 모든 문제에 대해 일관되고 조직적인 답을 줄 수 있는 선지자의 역할을 기대하고 있습니다. 이건 어울리지도 않고 유지될 수도 없는 것입니다. 누구에게건 그런 역할을 맡기는 것은 어리석은 일입니다).[45] 프랑스 사회학자 피에르 부르디외 Pierre Bourdieu, 1930~2002의 말이다.

The radical intellectual cannot build his career just by saying things his supporters like; he must say or do things his opponents hate. If he does no more than flatter his audience, he will achieve only modest success. If, on the other hand, he is vilified by his opponents, then his audience, his patrons and various foundation officers will rally to his side. He will become a cause, a person his audience takes into their hearts. His audience will be willing to shell out large amounts of money to buy his books or attend his lectures(과격한 지식인은 지지자들이 좋아하는 것만 말함으로써 자신의 경력을 쌓을 수 없다. 과격파 지식인은 자신의 반대자들이 미워하는 것을 말하거나 행동해야 한다. 그렇지 않고 그냥 지지자들의 비위만 맞춘다면, 큰 성공을 거둘 수 없다. 반면에 반대자들로부터 미움을 받게 되면, 그때는 지지자들이 벌떼같이 일어나 그의 편을 들게 된다. 그는 하나의 명분이 되고, 지지자들의 추앙하는 우상이 되는 것이다. 지지자들은 그의 책을 사거나 강연을 닫기 위해 많은 돈을 아낌없이 지출할 것이다). 미국 언론인 데이비드 브룩스David Brooks, 1961~가 『보보스: 디지털 시대의 엘리트』(2000)에서 한 말이다. 그렇다면 온건파 지식인은 어떤 행동양식을 보여야 할까? 브룩스는 다음과 같이 말한다.

While a radical intellectual must be vehement, contentious, and unhappy, moderate intellectuals must be civil, slow-talking, and placid. Moderates appeal to consumers who are basically happy with the world and therefore disturbed by commentators who generate too much heat and disharmony. Moderate audiences want to see a civil exchange of views and are impressed more by subtleties than by bold, slashing rhetorical strokes(과격한 지식인은 격렬하고 논쟁적이고 불만에 차 있어야 하지만, 온건파 지식인은 점

잖고 느리게 말하고 차분해야 한다. 온건파를 지지하는 사람들은 기본적으로 세상에 만족하며, 그래서 너무 시끄럽게 굴거나 혼란을 야기하는 논객들을 싫어한다. 온건파를 지지하는 사람들은 견해가 점잖게 교환되는 것을 보고자 하며, 도발적이고 자극적인 수사적 공격보다 은근하고 미묘한 표현을 더 좋아한다).[46]

intellectualize는 "~의 합리성을 추구하다, 지적으로 하다, 지성적으로 처리[분석]하다, (문제·행동 등을) 이치로 설명하다, 이지적으로 말하다[쓰다], 사색하다"란 뜻이다. Don't over-intellectualize(지나치게 이성적으로 접근하지 마세요). 향수 마케팅 전문가이자 에스티 로더의 디자이너 향수 부문 사장인 베로니크 가바이-핀스키Veronique Gabai-Pinsky가 자신의 마케팅 비법을 묻는 질문에 내놓은 답이다.[47]

제4장

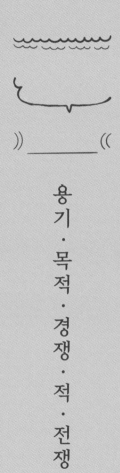

용
기
·
목
적
·
경
쟁
·
적
·
전
쟁

두려움보다
더 중요한
다른 무엇이 있는가?

courage(용기)의 어근인 'cor'는 라틴어로 '심장'을 뜻한다. 원래 courage는 '진심에서 우러나 자기 생각을 말한다'는 의미였지만, 시간이 흐르면서 그 의미가 변해 주로 영웅적이고 용감한 행동에 관련되어 사용되다가 이젠 일반적인 의미의 용기라는 뜻을 갖게 되었다.[1]

Courage is a kind of salvation(용기는 일종의 구원이다).[2] 고대 그리스 철학자 플라톤Platon, B.C.427~B.C.347의 말이다.

Fortune follows a man who has the courage to look at me in the mirror(행운은 거울 속의 나를 바라볼 수 있을 만큼 용기가 있는 사람을 따른다).[3] 독일 철학자 아르투어 쇼펜하우어Arthur Schopenhauer, 1788~1860의 말이다.

We cannot discover new oceans until we have the courage to lose sight of the shore(해안선이 시야에서 사라지는 것

을 감당할 용기가 있어야 새로운 대양을 발견할 수 있다).[4] 프랑스 소설가 앙드레 지드Andre Gide, 1869~1951의 말이다.

Fear is a reaction. Courage is a decision(공포는 반응이고 용기는 결심이다). 영국 정치가 윈스턴 처칠Winston Churchill, 1874~1965이 제2차 세계대전 기간 중 행한 연설에서 한 말이다.

We need courage for the most strange, the most singular and the most inexplicable that we may encounter(우리가 대단히 낯설고 특이하고 이해할 수 없는 것들을 마주하려면 용기가 필요하다). 독일 시인 라이너 마리아 릴케Rainer Maria Rilke, 1875~1926가 사후 출간된 『젊은 시인에게 보내는 편지』(1929)에서 한 말이다.

영국 철학자 A. C. 그레일링A. C. Grayling, 1949~은 『미덕과 악덕에 관한 철학사전The Meaning of Things: Applying Philosophy to Life』(2001)에서 릴케가 말하는 용기는 "the courage to meet the new and to accept the different in the chances of experience(경험을 통해 새로운 것을 만나고 색다른 것을 받아들이는 용기)"라고 했다.[5]

The sixth sense, 'courage', has the ability to find the quickest way to victory(여섯 번째 감각이라고 할 수 있는 '용기'는 승리로 가는 가장 빠른 길을 찾아내는 기능을 갖추었다).[6] 레바논 출신의 미국 작가 칼릴 지브란Kahlil Gibran, 1883~1931의 말이다.

Most of us have far more courage than we ever dreamed we possessed(대부분의 사람들은 우리가 가지기를 희망하는 양만큼의 용기보다 더 많은 용기를 가지고 있다).[7] 미국의 처세술 전문가 데일 카네기Dale Carnegie, 1888~1955의 말이다.

People can reach their climax when courage allows them to exert their power in hopeless situations(희망 없는 상황에서 용기가 힘을 발휘할 수 있게 해줄 때 인간은 최고조에 달할 수 있다).[8] 미국 작가 에릭 호퍼Eric Hoffer, 1902~1983의 말이다.

Those who lack the courage will always find a philosophy to justify it(용기가 없는 사람은 항상 용기가 없는 것을 해명하기 위한 철학을 갖는다).[9] 프랑스 작가 알베르 카뮈Albert Camus, 1913~1960의 말이다.

He learned too late that courage and discipline are good things but only if they serve a good cause(그는 용기와 규율이 좋은 대의를 위해 쓰일 때에만 좋은 것이라는 걸 너무 늦게 깨달았다). 제2차 세계대전 때 독일 장군이었던 에르빈 로

멜Erwin Rommel, 1891~1944의 아들로 슈투트가르트 시장인 만프레트 로멜Manfred Rommel, 1928~2013이 1985년 텔레비전 인터뷰에서 한 말이다.

Courage is not the absence of fear, but rather the judgment that something else is more important than one's fear(용기는 두려움이 없는 것이라기보다는 두려움보다 더 중요한 다른 무언가가 있는지 판단하는 것이다).[10] 미국 작가 앰브로즈 레드문 Ambrose Redmoon, 1933~1996의 말이다.

To face despair and not give in to it, that's courage(절망의 순간에도 포기하지 않는 것이 용기다). 미국 방송 앵커 테드 코펠Ted Koppel, 1940~의 말이다.

There is only one requirement for any of us, and that is to be courageous, because courage, as you might know, defines all other human behavior(우리 모두에게는 오직 한 가지가 필요합니다. 그것은 용감해지는 것입니다. 아시다시피 용기야말로 모든 다른 인간 행동을 규정짓는 것이기 때문입니다). 미국 토크쇼 진행자 데이비드 레터맨David Letterman, 1947~이 2001년 9·11 테러 직후 자신의 토크쇼인 〈Late Show with David Letterman〉에서 한 말이다. 레터맨과 당시 게스트인 CBS 앵커맨 댄 래더Dan Rather, 1931~는 방송 중 같이 눈물을 흘렸다.[11]

Whether you're with a genius or an ordinary man, it takes courage to walk away. Sometimes you just have to get sick and tired of being sick and tired to be willing to face an uncertain future rather than stay in a painful

present(천재를 만나든 평범한 남자를 만나든, 그 사람을 떠나려면 용기가 필요하다. 너무 지긋지긋해서 고통스러운 현재에 머물기보다는 불확실한 미래를 선택할 용기가 필요하다는 말이다).[12]

『허핑턴포스트』의 창립자인 아리아나 허핑턴Arianna Huffington, 1950~이 『담대하라, 나는 자유다On Becoming Fearless』(2006)에서 한 말이다. 이 조언을 온전히 이해하기 위해선 이에 앞서 허핑턴이 다음과 같이 말했다는 걸 알아두는 게 좋겠다.

In her book 『Women Who Love Too Much』, Robin Norwood writes that some women think "being in love means being in pain." Feeling inadequate, and often longing for the love they didn't get as children, they are drawn to dysfunctional relationships that mirror the frustrations of their past and become compelled to make them work, against all odds or common sense—and however intense the pain(가족 치료 전문가인 로빈 노우드는 『너무 사랑하는 여자들』에서 사랑에 빠지는 것을 마치 고통 속에 살아가는 것과 같다고 생각하는 여성들을 지적했다. 어릴 때에 충분한 사랑을 받지 못한 여성들은 끊임없이 사랑을 갈구하고, 과거에 겪었던 좌절감을 반영하는 기이한 관계에 쉽게 이끌린다. 그래서 어쩔 수 없이 어렵고 상식에 어긋나며 고통스러운 관계를 지속한다).[13]

Fear is met and destroyed with courage. Again and again when the struggle seems hopeless and all opportunity lost, the one with a little more courage, and a little more effort will have victory(두려움은 용기로 맞서 파괴하

라. 아무리 분투에 희망이 없어 보이고 모든 기회를 놓쳤다 싶을 때라도 약간의 용기를 더하고 약간의 노력을 더하면 승리는 찾아오기 마련이다).[14] 미국 천문학자 제임스 F. 벨 3세James F. Bell III, 1965~의 말이다.

반공주의자 처칠이
소련과
손잡은 이유

The reason why the plan fails is that it has no purpose. If you don't know which port to go to, there's no use in the wind(계획이 실패하는 것은 목적이 없기 때문이다. 어느 항구로 가야 할지 모른다면 제아무리 순풍이 불어도 소용없다).[15] 고대 로마의 철학자 세네카 Seneca, B.C.4~A.D.65의 말이다.

The great and glorious masterpiece of man is to live with purpose(인간의 위대하고 영광스러운 걸작은 목적을 갖고 사는 것이다). 프랑스 철학자이자 작가 미셸 드 몽테뉴Michel de Montaigne, 1533~1592의 말이다. 미국 하버드대학의 긍정 심리학 강사 탈 벤-샤하르Tal Ben-Shahar, 1970~는 『해피어: 하버드대 행복학 강의』(2007)에서 몽테뉴의 이 말을 소개한 후 다음과 같이 말했다.

An overarching purpose can unify individual

activities, just like the overarching theme of a symphony unifies the individual notes. In and of itself, a note does not amount to much, but it becomes significant-and beautiful-when part of a common theme, a common purpose(교향곡의 전반적인 주제가 개별적인 음들을 하나로 연결하는 것처럼 전체를 아우르는 목적은 각각의 활동을 하나로 연결한다. 각각의 음은 그 자체만으로는 의미가 없지만 공통적인 주제, 공통적인 목적의 일부가 될 때 의미를 갖게 되고 아름다운 음악이 된다).[16]

Great minds have purposes, others have wishes(위대한 사람들은 목적을 갖고, 그렇지 않은 사람들은 소원을 갖는다). 미국 작가 워싱턴 어빙Washington Irving, 1783~1859의 말이다.

A person with a clear purpose will make progress on even the roughest road. A person with no purpose will make no progress even on the smoothest road(명확한 목적이 있는 사람은 가장 험난한 길에서조차도 앞으로 나아가고, 아무런 목적도 없는 사람은 가장 순탄한 길에서조차도 앞으로 나아가지 못한다).[17] 영국 역사가 토머스 칼라일Thomas Carlyle, 1795~1881의 말이다.

The secret of success is constancy to purpose(성공의 비밀은 목적을 끝까지 지키는 것이다). 영국 정치가이자 작가인 벤저민 디즈레일리Benjamin Disraeli, 1804~1881의 말이다. constancy는 '불

변성, 지조, 절개(=fidelity)'란 뜻이다. He admired her courage and constancy(그는 그녀의 용기와 절개를 흠모했다).

Not at all. I have only one purpose, the destruction of Hitler, and my life is much simplified thereby. If Hitler invaded Hell I would make at least a favorable reference to the Devil in the House of Commons(전혀 그렇지 않다. 나에게는 오직 한 가지 목적만이 있다. 그것은 히틀러의 파멸이다. 그것 때문에 내 인생은 훨씬 단순해졌다. 히틀러가 지옥을 침공한다면, 나는 하원에서 악마에 대해 적어도 우호적인 발언을 할 것이다).

1941년 6월 22일 나치의 소련 침공 몇 시간 전 영국 총리 윈스턴 처칠Winston Churchill, 1874~1965이 자기 비서의 다음과 같은 질문에 답하면서 한 말이다. 영국의 지도적 반공주의자인 처칠이 어떻게 해서 소련과 같은 편이 되는 것을 감수할 수 있는지, 자신의 정부에 공산주의자들을 지원하도록 요청하는 것이 수치스럽거나 어렵게 느껴지지 않았는가?[18]

It's said the average human has 100,000 heartbeats a day. Oprah may not have more of them than the rest of us, but each one is powered by purpose(보통 사람은 하루

에 심장이 10만 번 뛴다고 한다. 오프라의 심장박동이 다른 사람들보다 더 많이 뛰진 않을지 몰라도, 그녀의 매 심장박동은 의지에 의해 이루어진다).[19] 미국 여성 앵커맨 다이앤 소여Diane Sawyer, 1945~가 토크쇼 진행자인 오프라 윈프리Oprah Winfrey, 1954~에 대해 찬사를 보내며 한 말이다.

You would rather find purpose than a job or career. Purpose is an essential element of you. It is the reason you are on the planet at this particular time in history. Whatever you choose for a career path, remember, the struggles along the way are only meant to shape you for your purpose(직업이나 커리어를 택하기보다 목적을 찾으세요. 목적은 당신을 구성하는 핵심 요소입니다. 역사의 이 특별한 순간에 당신이 세상에 존재하는 이유입니다. 어떤 진로를 택하든 기억하세요. 앞으로 만나게 될 고난은 목적에 도달하도록 당신을 성숙시켜주는 과정입니다).

마블 히어로 〈블랙 팬서〉의 주인공 채드윅 보스먼Chadwick Boseman, 1976~2020이 2018년 자신의 모교인 미국 하워드대학 졸업식에서 한 축사다. 이미 대장암 말기 선고를 받은 상태였던 그는 2020년 43세의 젊은 나이에 세상을 떠났다. 보스먼의 목적은 흑인에 대한 편견을 깨부수는 것이었다고 한다.[20]

경쟁은
패배자들이나
하는 것이다

When you divide the random people into two groups and
make them compete, people speak disparagingly of each
other and feel proud of themselves(무작위로 데려온 사람들을 두
집단으로 나눠놓고 경쟁시키면, 사람들은 알아서 서로를 폄하하는 말을 하고
자신들을 자랑스럽게 여긴다).[21] 미국 오클라호마대학의 심리학자 무자
퍼 셰리프Muzafer Sherif, 1906~1988의 말이다.

    셰리프는 1954년 여름 3주간에 걸쳐 오클라호마 로버스 동굴
주립공원Robbers Cave State Park 주변에 사는 건강한 12세 소년 24명을
선발해 무작위로 두 집단으로 나눈 뒤 두 팀 사이에 경쟁을 시키고 이
를 관찰하는 실험을 했다. '로버스 동굴 실험Robber's Cave Experiment'
으로 알려진 이 실험 결과는 놀라웠다. 얼마 지나지 않아 양 팀은 방
울뱀족과 독수리족이라고 이름을 지어 붙였고, 경기할 때 서로 놀리

기 시작했을 뿐만 아니라, 상대방의 캠프를 습격해 약탈하고 깃발을 불태우기까지 했으니 말이다.[22]

셰리프는 동료들과 함께 1961년 다음과 같은 제목의 책을 출간했다. 『우리와 그들, 갈등과 협력에 관하여: 로버스 케이브 실험을 통해 본 집단관계의 심리학Intergroup Conflict and Cooperation: The Robber's Cave Experiment』. 그의 다음 주장은 우리 모두 삶의 지혜로 받아들이는 게 좋을 것 같다. Even a stable and calm person can turn aggressive in a situation where competition is overheated(안정적이고 차분한 사람도 경쟁이 과열된 상황에서는 공격적으로 변할 수 있다).[23]

Google's Android software competes with Apple's iPhone, but they cooperate on other projects when both can profit from that. Experts in the field have dubbed this survival tool 'coopetition'(구글의 안드로이드 소프트웨어는 애플의 아이폰과 경쟁하지만, 양사는 이익을 공유할 수 있는 프로젝트에는 협력한다. 해당 분야의 전문가들은 이러한 생존 방식을 '코오피티션'으로 부른다).[24]

미국 언론인 재닛 로Janet Lowe, 1940~2019가 『구글 파워: 전 세계 선망과 두려움의 기업Google Speaks: Secrets of the World's Greatest Billionaire Entrepreneurs, Sergey Brin and Larry Page』(2009)에서 한 말이다. coopetition은 cooperation(협력)과 competition(경쟁)을 합친 신조어다.

I am not in competition with anyone but my self. My goal is to improve myself continuously(나는 나 자신 이외에는 누구와도 경쟁하지 않는다. 나의 목표는 나를 지속적으로 발전시키는 것이다).[25] 마이크로소프트 창업자 빌 게이츠Bill Gates, 1955~의 말이다.

경쟁엔 명암明暗이 있기에 무조건 예찬하거나 비난하기 어려운 딜레마라고 할 수 있겠다. 그런데 미국 실리콘밸리의 기업가이자 투자가인 피터 틸Peter Thiel, 1967~은 『제로 투 원』(2014)에서 파격적이고 과격한 주장을 내놓았다. 그간 우리는 독점은 나쁘다며 경쟁의 장점에 대해 배워오지 않았던가? 틸은 이런 상식에 도전한다.

Why do we people believe that competition is healthy? The answer is that competition is not just an economic concept or a simple inconvenience that individuals and companies must deal with in the marketplace. More than anything else, competition is an ideology-'the' ideology-that pervades our society and distorts our thinking. We preach competition, internalize its necessity, and enact its commandments; and as a result, we trap ourselves within it-even though the more we compete, the less we gain. This is a simple truth,

but we've all been trained to ignore it. Our educational system both drives and reflects our obsession with competition(왜 사람들은 경쟁이 건강하다고 믿는 걸까? 그것은 경쟁이 단순히 경제학적 개념이나 개인 또는 기업이 시장에서 겪어내야 하는 불편함이 아니라 하나의 강박관념, 즉 이데올로기이기 때문이다. 우리 사회 구석구석에 침투해 있는 이 이데올로기가 우리의 사고를 왜곡하고 있다. 우리는 경쟁을 설파하고, 경쟁은 필요한 것이라고 뼛속 깊이 새기며, 경쟁이 요구하는 것들을 실천한다. 그리고 그 결과로 경쟁 속에 갇힌다. 경쟁을 더 많이 할수록 우리가 얻는 것은 오히려 줄어든다. 이렇게 간단명료한 진실을 우리는 모두 무시하도록 훈련받았다. 교육 시스템은 경쟁에 대한 우리의 집착을 반영하는 동시에 부추기고 있다).[26]

진보적 관점에서 보자면 동의하지 않을 수 없는 익숙한 주장이

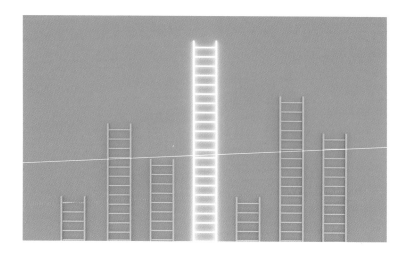

다. 그런데 대안이 영 이상하다. 경쟁을 포기하라는, 그간의 경쟁 비판론자들의 대안과는 달리, 그는 '독점'이 대안이라고 주장하고 있으니 말이다.

Monopolies drive progress because the promise of years or even decades of monopoly profits provides a powerful incentive to innovate. Then monopolies can keep innovating because profits enable them to make the long-term plans and to finance the ambitious research projects that firms locked in competition can't dream of(독점은 진보의 원동력이다. 수년간 혹은 수십 년간 독점 이윤을 누릴 수 있다는 희망은 혁신을 위한 강력한 동기가 되기 때문이다. 그러면 독점 기업은 혁신을 계속 지속할 수 있게 되는데, 왜냐하면 독점 이윤 덕분에 장기적인 계획을 세울 수 있고, 경쟁 기업들은 꿈도 꾸지 못할 야심 찬 연구 프로젝트에도 돈을

댈 수 있기 때문이다).[27]

틸은 "Competition is for losers(경쟁은 패배자들이나 하는 것이다)"라는 주장까지 나아가는데, 경쟁 자체를 비난하거나 저주하는 이상론 못지않게 영 불편하다. 좋다. 그가 역설하는 독점의 장점을 인정하자. 문제는 그 독점의 주체가 독점을 완성한 후에 생각이 바뀌어 혁신과 진보와 공익을 포기하면 어떻게 할 것이냐다. 그 주체를 틸이라고 한다면, 틸의 먹살을 잡고 따져야 하나? 아니면 제발 그러지 말라고 눈물로 읍소해야 하나? 인간의 선의에 의존해야 하는 시스템을 누가 원할까?

틸은 도널드 트럼프Donald Trump, 1946~의 지지자로서 극우적 성향의 인물이며, "무능하기보다는 차라리 사악해지자"는 게 그의 인생 좌우명이라고 한다.[28] 그런데 정작 문제는 디지털 경제와 실리콘밸리의 문화가 독점 친화성을 갖고 있다는 점이다. 소프트웨어 개발자 마크 앤드리슨Marc Andreessen, 1971~이 11년 전인 2013년 다음과 같이 말했듯이 말이다. "사실 대형 테크놀로지 시장은 승자독식의 시장이다. 일반적인 시장에서는 펩시와 코카콜라가 공존할 수 있지만, 테크업계에서는 장기적으로 하나의 기업, 즉 1등 기업만이 살아남는다고 생각하는 것이 일반적이다."[29] 우리는 정녕 경쟁은 패배자들이나 하는 것이 되는 세상을 향해 나아가고 있는 걸까?

알고 보니
우리의 적은
우리 자신이었다

enemy는 원래 in-(=not)+amicus(=friend)로 이루어진 라틴어 inimicus에서 비롯되었으며, 고대 프랑스어 enimi를 거쳐 13세기 초 영어에 유입되었다. 영어 amicable(우호적인)과 amiable(상냥한)은 amicus에서 비롯된 것이다.[30]

　기원전 5~6세기경 중국 전국시대의 제齊나라 병법가인 손자孫子의 『손자병법Sun-Tzu's Art of War』엔 다음과 같은 원칙들이 나온다. If you are far from the enemy, make him believe you are near(적과 멀다면 그와 가까운 것처럼 믿게 하라). Appear weak when you are strong, and strong when you

are weak(힘이 있을 때 약한 것처럼 보이고 스스로 약할 때는 강한 것처럼 보이라). The best weapon against an enemy is another enemy(적을 이기는 최선의 무기는 다른 적을 만들어 이용하는 것이다). 사자성어로 이이제이以夷制夷라고 한다.[31]

It is an honorable act to deceive the enemy in battle(전투를 벌일 때에 적을 속이는 것은 명예로운 행위다).[32] 이탈리아 정치가이자 사상가인 니콜로 마키아벨리Niccolò Machiavelli, 1469~1527의 말이다.

In taking revenge, a man is but even with his enemy but in passing it over, he is superior(복수를 하면 적과 대등해지지만 그것을 눈감아주면 자신이 이기는 것이다). 영국 철학자 프랜시스 베이컨Francis Bacon, 1561~1626의 말이다.

You must not fight too often with one enemy, or you will teach him all your art of war(한 명의 적과 오래 싸우다 보면 당신의 싸움 기술을 다 보이게 된다). 나폴레옹 보나파르트Napoleon Bonaparte, 1769~1821의 말이다.

The best way to destroy an enemy is to make him a friend(적을 이기는 최선의 방법은 그를 친구로 만드는 것이다). 미국 제16대 대통령 에이브러햄 링컨 Abraham Lincoln, 1809~1865의 말이다.

Always forgive your enemies, nothing annoys them

so much(적을 용서하는 것보다 그들을 애타게 하는 것은 없다).[33] 아일랜드 작가 오스카 와일드Oscar Wilde, 1854~1900의 말이다.

"Love your enemy", my enemy told me. And I loved myself as he said("그대의 적을 사랑하라"고 나의 적이 나에게 말했다. 그리고 나는 그의 말대로 나 자신을 사랑했다).[34] 레바논 출신의 미국 작가 칼릴 지브란Kahlil Gibran, 1883~1931의 말이다.

Preoccupation with an enemy would seem to be a key facet of many structures of beliefs that severely constrain political thought and behavior(적에 대한 집착은 정치적 생각과 행동을 심각하게 제약하는 여러 신념 구조의 한 주요 양상인 것 같다).[35] 미국 정치학자 머리 에덜먼Murray Edelman, 1919~2001이 『정치적 스펙터클 만들기Constructing the Political Spectacle』(1988)에서 한 말이다.

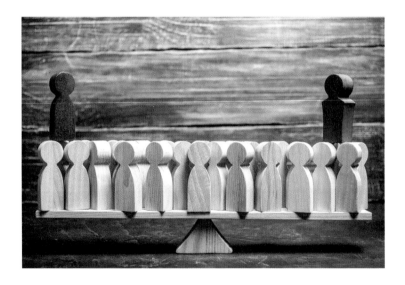

There can be no true friends without true enemies. Unless we hate what we are not, we cannot love what we are. These are the old truths we are painfully rediscovering after a century and more of sentimental cant. Those who deny them deny their their family, their heritage, their culture, their birthright, their very selves! They will not lightly be forgiven(진정한 적이 없다면 진정한 친구도 있을 수 없다. 우리가 아닌 것을 증오하지 않는다면 우리 것도 사랑할 수 없다. 이것은 100년이 넘도록 지속되어온 감상적이고 위선적인 표어가 물러간 자리에서 우리가 고통스럽게 다시 발견하고 있는 뿌리 깊은 진리다. 이것을 부정하는 사람은 자신의 가족, 정신적 유산, 문화, 타고난 권리, 자기 자신을 부정하는 셈이다! 이것은 사소하게 보아넘길 문제가 아니다).

영국 작가 마이클 딥딘Michael Dibdin, 1947~2007의 소설『죽은 늪 Dead Lagoon』(1994)에서 베네치아의 민족주의 선동가가 한 말이다. 미국 정치학자 새뮤얼 헌팅턴Samuel P. Huntington, 1927~2008은『문명의 충돌』(1996)에서 이 말을 인용하면서 다음과 같은 결론을 내린다.

The unfortunate truth in these old truths cannot be ignored by statesmen and scholars. For peoples seeking identity and reinventing ethnicity, enemies are essential, and the potentially most dangerous enmities occur across the fault lines between the world's major civilizations(이해묵은 명제에 담겨 있는 불행한 진실을 정치인과 학자는 묵과하고 넘어가서는 안 된다. 자신의 정체성을 찾고 민족성을 재창조하려는 민족에게는 적수가 반드시 필요하며, 잠재적으로 가장 위험한 적대감은 세계 주요 문명들 사이의 단

층선斷層線[단층면이 지표면과 만나는 선]에서 불거진다).[36]

It is commonly assumed that cynicism toward government has caused our disengagement from politics, but the converse is just as likely: that we are disaffected because as we and our neighbors have dropped out, the real performance of government has suffered. As Pogo said, "We have met the enemy and he is us."(정부 불신과 냉소가 우리의 정치 불참을 만들어낸 원인이라는 생각이 널리 인정받고 있지만, 그 반대 관계도 그만큼의 설득력이 있는 것 같다. 즉, 우리와 우리의 이웃들이 계속 시민 생활에서 이탈함에 따라 정부의 실질적인 업무 수행 능력도 떨어져왔으며, 그래서 우리는 정치에 대한 애착을 잃었다. 만화 주인공 포고가 말했듯, "우리는 드디어 적을 만나게 되었는데 다름 아닌 우리 자신이다.")[37]

미국 하버드대학 정치학자 로버트 퍼트넘Robert D. Putnam, 1941~이 『나 홀로 볼링: 볼링 얼론-사회적 커뮤니티의 붕괴와 소생』(2000)에서 한 말이다.

My job to the Muslim world to communicate that the Americans are not your enemy(이슬람 세계에 내가 전하고 싶은 메시지는 미국인들이 이슬람의 적이 아니라는 사실이다.)[38] 2009년 1월 버락 오바마Barack Obama, 1961~가 미국 대통령 취임 직후 중동 지역 케이블TV 네트워크인 알아라비아al-Arabiya와 가진 회견에서 한 말이다.

frienemy(프레너미)는 친구를 뜻하는 영어 단어 '프렌드friend'와 적을 의미하는 '에너미enemy'를 결합해 만든 단어로, 한쪽에서는 서로 협력하면서 다른 쪽에서는 서로 경쟁하는 관계를 뜻한다. 최근 IT(정보기술)업계는 TV, 스마트폰, 사물인터넷, 스마트카 등으로 영역

FRENEMY

FRIEND　　ENEMY

이 확장되면서 특정 사업에서는 서로 협력하고 다른 쪽에서는 경쟁하는 '프레너미 관계'가 많아지고 있다. 스마트TV를 비롯해 사물인터넷·스마트카 등 신성장 동력으로 꼽히는 시장에서 치열한 경쟁을 펼치면서도 스마트폰 시장에서는 여전히 서로 긴밀히 협력하는 모습을 보인 삼성과 구글의 관계가 대표적 사례로 꼽힌다.[39]

2015년 4월 영국 옥스퍼드대학 미디어 경제학자인 로버트 피카드Robert G. Picard, 1951~는 "구글과 페이스북은 우리(언론)의 친구가 아니다"고 단언했다. 뉴스를 페이스북 같은 소셜네트워크서비스SNS를 통해 보는 독자들이 늘면서 언론사 고유의 편집·형식 차별성이 사라지고 페이스북이 언론을 잠식하고 있다는 우려였다. 미국 텍사스주립대학(오스틴) 저널리즘 스쿨 교수 러스티 토디Lusty Tody는 "한편으로 친구 관계지만 분명한 것은 페이스북이 돈을 번다"며 페이스북과 언론의 관계를 '프레너미frenemy'로 규정했다.[40]

전쟁은
다른 수단에 의한
정치다

Make love, not war(싸우지 말고 잘 지내라). 고대 그리스의 대표적 희극작가 아리스토파네스Aristophanes, B.C.446~B.C.385의 말이다. 임귀열은 "이 말을 잘못 해석하면 '성관계를 맺어라 싸우지 말고'의 뜻이 된다. 가수 존 레넌이나 히피족이 말한 것으로 전해지면서 반전운동에도 쓰였던 말이다"며 다음과 같이 말한다.

"사실 이 문장은 기원전 411년 그리스의 극작가 아리스토파네스가 전쟁을 반대하는 취지의 코미디극(「여자의 평화」)을 쓸 때 사용한 말로, 모든 여성이 남편이나 애인과 성관계를 거부하고 대신 펠로폰네소스 전쟁Peloponnesian War, B.C.431~B.C.404을 끝내도록 종용하라는 내용이었다. 따라서 이 말은 그만 좀 싸우고 사이좋게 지내라는 의미로 두루 쓰이고 있다."[41]

Now we suffer the woes of long peace; luxury, more

savage than war, has smothered us(현재 우리는 오랜 평화의 고통을 겪고 있다. 전쟁보다 야만적인 사치가 우리의 숨통을 조여온다).[42] 고대 로마 시인 데치무스 유니우스 유베날리스Decimus Iunius Iuvenalis, 55~140의 말이다.

There is no avoiding war, it can only be postponed to the advantage of others(전쟁을 피할 방법은 없다. 다음 기회를 노리기 위해 연기될 뿐이다).[43] 이탈리아 정치가이자 사상가인 니콜로 마키아벨리Niccolò Machiavelli, 1469~1527의 말이다.

War is the natural extension of diplomacy(전쟁은 외교의 자연스러운 확장이다).[44] 프로이센의 장군이자 전쟁 이론가인 폰 클라우제비츠Carl von Clausewitz, 1780~1831의 말이다. 비슷하지만, 더 유명한 그의 명언은 다음과 같다. War is politics by other means(전쟁은 다른 수단에 의한 정치다). 이 말을 뒤집은 명언도 있다. Politics is war

by other means(정치는 다른 수단에 의한 전쟁이다).[45] 중국의 마오쩌둥毛澤東, 1893~1976은 1938년 클라우제비츠의 책을 읽고 나서 이렇게 말했다. "전쟁은 정치이며, 정치는 다른 수단으로 행하는 전쟁이다.……정치는 무혈의 전쟁이요, 전쟁은 유혈의 정치라 할 수 있다."[46]

The wars of kings were over; the wars of peoples had begun(왕들의 전쟁은 끝났고 민족들의 전쟁이 시작되었다). 미국 역사학자 로버트 로스웰 파머Robert Roswell Palmer, 1909~2002가 프랑스혁명(1789~1794)이 끝나가던 1793년의 시점을 두고 한 말이다. 독일 30년 전쟁을 끝마치기 위해 1648년 유럽 각국 사이에 맺어진 베스트팔렌 평화조약 이후 한 세기 반 동안 유럽인들은 국민국가를 만

들었으며, 프랑스혁명 이후로 분쟁의 주역은 군주가 아니라 국가였다는 것이다.[47]

The object of war is not to die for your country but to make the other bastard die for his(전쟁의 목적은 국가를 위해 죽는 게 아니라 상대의 병사가 그 나라를 위해 죽도록 하는 것이다).[48] 미국 장군 조지 패튼George Patton Jr., 1885~1945의 말이다.

Mankind has grown strong in eternal struggles and it will only perish through eternal peace(인류는 영구한 투쟁 속에서 강해졌으며, 평화가 영구히 계속되면 모두 멸망하고 말 것이다).[49] 아돌프 히틀러Adolf Hitler, 1889~1945의 말이다.

All human progress can be summed up as the advance from the spear to the guided missile, showing that though we have grown cleverer through time, we have certainly not grown wiser(인간의 모든 진보는 창에서 유도탄으로의 발전으로 요약되며, 우리 인간의 머리는 점점 영리해졌으나 결코 현명해지지는 않았다).[50] 독일 철학자 테어도어 아도르노Theodor W. Adorno, 1903~1969의 말이다.

In capitalistic economies, wars have led to many opportunities for the private appropriations of fortune and power(자본주의 경제에서는 전쟁이 부와 권력이 특정 개인의 수준으로 모아지게 되는 기회를 제공해준다).[51] 미국 사회학자 C. 라이트 밀스C. Wright Mills, 1916~1962가 『파워 엘리트The Power Elite』(1957)에서 한 말이다.

It looks like World War III is here-but we must meet whatever comes, and we will(제3차 세계대전이 터진 것 같다. 하지만 우리는 그 어떤 적이라도 대적해야 하며, 반드시 그럴 것이다).[52] 미국 제33대 대통령 해리 트루먼Harry S. Truman, 1884~1972이 1950년 6월 25일 한국에서 전쟁이 터지자 자신의 일기에 쓴 말이다.

In a world gone mad it's hard to think right / So much violence hate and spite / Murder going on all day and night / Due time we fight the non-violent fight(미쳐가는 세상에서는 올바른 생각을 할 수 없네 / 폭력과 증오와 원한이 넘쳐나고 / 온종일 살인이 저질러지고 있지 / 이제 우리는 비폭력의 싸움을 해야 할 때야).[53] 이라크 전쟁을 규탄한 하드코어 얼터너티브 밴드 비스티 보이스Beastie Boys의 노래 〈In a world gone mad(미쳐버린 세상에서)〉(2003)다. 이 노래는 mp3 파일로 온라인에 무료로 공개되었다.

제5장

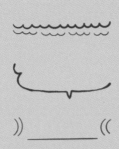

뉴스 · 저널리즘 · 언론 · TV · 미디어

나쁜 것은
좋은 것보다
더 강하다

'악사천리惡事千里'라는 말이 있다. 나쁜 소식은 빨리 전파된다는 것인데, 영어에도 비슷한 속담이 많다. Bad news travels fast=Bad news travels quickly=Ill news runs apace. 이는 부정적인 것이 사람들의 관심을 끄는 유인 효과가 크다는 것을 말해준다. 그래서 긍정적인 뉴스보다는 부정적인 뉴스가 잘 팔리고, 긍정적인 소문보다는 부정적인 소문이 잘 퍼져 나간다. 달리 말하자면, "나쁜 것은 좋은 것보다 더 강하다"는 것이다.[1]

When a dog bites a man, that is not news. But when a man bites a dog, that is news(개가 사람을 물면 뉴스가 안 되지만, 사람이 개를 물면 뉴스가 된다). 미국 언론인 찰스 데이나Charles A. Dana, 1819~1897가 1882년 『뉴욕선New York Sun』에 쓴 「뉴스란 무엇인가 What is news?」라는 글에서 한 말이다.[2] 『뉴욕선』의 편집자인 존 보가트

John B. Bogart, 1848~1921, 영국 일간지『데일리미러Daily Mirror』의 창업주 비스카운트 노스클리프Viscount Northcliff, 1865~1922의 말로도 알려져 있으나, 찰스 데이나가 원조일 가능성이 높은 것으로 보인다.

All the News That's Fit to Print(발행할 수 있는 모든 뉴스). 1897년『뉴욕타임스』의 새로운 소유주가 된 아돌프 옥스Adolph Ochs, 1858~1935가 황색 저널리즘으로 알려진 당시 뉴욕의 경쟁지들에게 한 방 먹이는 의미에서 내세운 슬로건이다. 신문 제호의 좌측 상단에 박혀 있는 문구인데, "세상의 모든 뉴스를『뉴욕타임스』로!"라고 이해하면 되겠다. 이 슬로건의 허세에 대해 코미디 배우 제리 사인펠트Jerry Seinfeld, 1954~는 다음과 같이 비꼬기도 했다. It's amazing that the amount of news that happens in the world every day always just exactly fits the newspaper(세계에서 매일 일어나는 엄청난 양의 뉴스가 항상『뉴욕타임스』에 딱 맞게 나온다는 사실이 정말 놀랍다).[3]

If a person goes to a country and finds their newspapers filled with nothing but good news, there are good men in jail(한 사람이 어떤 나라에 갔을 때 그 나라의 신문들이 모두 좋은 뉴스로만 채워진 것을 발견한다면, 그 나라의 좋은 사람들은 모두 감옥에 있을 것이다).[4] 미국 정치인 대니얼 패트릭 모이니핸Daniel Patrick Moynihan, 1927~2003의 말이다. 미국의 수도 워싱턴에 있는 세계 최대

규모의 언론 박물관인 뉴지엄Newseum의 내부 벽에 붙어 있는 명언이다. 뉴지엄이란 뉴스News와 뮤지엄Museum을 합성해 만든 말이다.

The idea is to keep everything brief, not to strain the attention of anyone but instead to provide constant stimulation through variety, novelty, action, and movement. you are required to pay attention to no concept, no character, and no problem for more than a few seconds at a time(핵심은 모든 것을 간단하게 처리하는 것이며, 누구의 관심도 끌려고 하지 말고, 대신 갖가지 볼거리와 신기함, 생동감, 동적 효과를 이용해 끊임없이 자극을 가한다. 시청자가 개념, 특성, 문제 등에 대해 수초 이상 집중하지 못하도록 해야 한다).[5]

미국 공영방송 PBSPublic Broadcasting Service의 저녁 뉴스 프로그램인 〈맥닐-레러 뉴스아워MacNeil-Lehrer Newshour〉의 공동 앵커이자 편집 담당 중역인 로버트 맥닐Robert MacNeil, 1931~이 1983년에 뉴스 쇼를 통제하는 전제에 대해 한 말이다.

We have become so accustomed to its(television

news) continuities that we are no longer struck dumb, as any sane person would be, by a newscaster who having just reported that a nuclear war is inevitable goes on to say that he will be right back after this word from Burger King; who says, in other words, "Now……this."(우리는 텔레비전 뉴스의 불연속성에 너무도 익숙해져 있기에, 핵전쟁이 불가피하다고 말하면서 잠시 후에 되돌아오겠다고 하고는 버거킹 광고 뒤에 "자, 다음은……" 하고 읊어대는 뉴스캐스터를 보고도 더이상 우울해하지 않는다. 적어도 제정신인 사람들인데도 말이다).[6]

미국의 커뮤니케이션 학자 닐 포스트먼Neil Postman, 1931~2003이 『죽도록 즐기기: 쇼 비즈니스 시대의 공적 담론Amusing Ourselves to Death: Public Discourse in the Age of Show Business』(1985)에서 한 말이다.

You don't tell us how to stage the news, we won't tell you how to cover it(우리가 뉴스를 어떻게 연출하든지 기자들은 상관 마라. 당신들이 어떻게 취재하든지 우리도 상관 않겠다). 레이건 시절 백악관 대변인 래리 스피크스Larry Speakes, 1939~2014가 자신의 집무실 책상에 써 붙여 놓은 좌우명, 아니 기자들에 대한 경고문이다. 그는 기자들을 골탕 먹이기 위해 가끔 대변인실 책상 위에 거짓 정보를 담은 서류들을 놓아두기도 했던 유별난 대변인이었다. 물론 그걸 슬쩍해 보도한 기자들은 봉변을 당하기 마련이었다.[7]

The brain of humans contain a mechanism that is designed to give priority to bad news(사람의 뇌는 나쁜 뉴스에 가장 먼저 반응하게끔 만들어진 메커니즘을 갖고 있다).[8] 미국 행동경제학자 대니얼 카너먼Daniel Kahneman, 1934~의 말이다.

If you have two guys on a stage and one guy says, "I have a solution to the Middle East problem", and the other guy falls in the orchestra pit, who do you think is going to be on the evening news(무대 위에 두 사람이 있다. 한 사람은 '나는 중동 문제를 해결할 방법을 알고 있다'고 말하는 반면, 다른 한 사람은 오케스트라 박스로 떨어진다. 누가 저녁 뉴스에 나가야 한다고 생각하는가)?[9]

미국의 24시간 케이블 뉴스 채널 『폭스뉴스Fox News Channel』의 회장 로저 에일스Roger E. Ailes, 1940~2017의 말이다. 물론 에일스의 답은 오케스트라 박스로 떨어진 사람이다. orchestra pit은 orchestra box라고도 하는데, 오페라 등을 공연하는 극장에서 오케스트라는 무대의 전면 풋 라이트 바로 앞에 바닥을 낮추어서 설치된다.

1990년대 후반에 널리 알려진 이 말은 미국 방송업계에선 '오 케스트라 박스 이론Orchestra Pit Theory'으로 불린다. 정치 뉴스의 선 정주의를 옹호하는 이론이며, 『폭스뉴스』가 상업적으로 성공할 수 있었던 주요 이유이기도 하다. 에일스의 '방송 철학'을 충실히 따랐 던 편성 수석 부사장 쳇 콜리어Chet Collier, 1927~2007는 자신의 역할 에 대해 이렇게 말했다. My job was to see that the news was presented with the most excitement(내 역할은 뉴스가 최대한의 흥분을 불러일으키게끔 감독하는 것이었다).[10]

그림만 보내면
전쟁은
내가 만든다

journal은 "신문, 잡지, 일지, 의사록"을 뜻한다. 오늘날 journal은 모든 정기간행물을 포괄하는 단어지만, 중세 프랑스어에서 온 journal은 daily를 뜻했기에, 지금도 프랑스에서 journal은 신문으로 통한다. journalism, journalist, journalistic, journalize(일기를 적다, 신문·잡지업에 종사하다) 등은 모두 이 단어에서 비롯되었다.[11]

미국 언론사에서 1830년대에서 1850년대 초까지를 '페니신문 시대', 1860년대 후반부터 1900년까지를 '뉴저널리즘 시대'라고 한다. '뉴저널리즘'은 신문 가격이 싸고, 진보적·개혁적이고, 읽기가 쉬웠으며(외양은 물론 내용도 통속적), 뉴스 기능을 강조하는 등의 특성으로 이전의 저널리즘과 구별되었다. 특히 1880년대와 1890년대에는 기자reporter가 많아지면서 이 시기를 가리켜 흔히 '기자의 시대Age of Reporter'라고 한다.[12]

이 '뉴저널리즘 시대'의 선두 주자는 단연 조지프 퓰리처Joseph Pulitzer, 1847~1911였다. 퓰리처는 특권계급에 대한 혐오를 강하게 드러내면서도 그들의 삶을 동경하는 독자들의 호기심도 충족시키는 이중 전술을 능숙하게 구사했다. 퓰리처는 1887년부터 넬리 블라이Nellie Bly라는 23세의 여기자를 앞세워 '잠입 취재'의 새로운 경지를 선보였다. 블라이의 본명은 엘리자베스 코크런Elizabeth Cochrane, 1864~1922인데, 그녀는 기자가 직접 위험한 사건에 개입하거나 모험적인 행사에 참여해 그 경험을 토대로 보도하는 이른바 탐정 저널리즘detective journalism 또는 스턴트 저널리즘stunt journalism의 원조가 되었다.[13]

1896년 윌리엄 랜돌프 허스트William Randolph Hearst, 1863~1951는 『뉴욕저널New York Journal』을 인수해 퓰리처의 『뉴욕월드New York World』에 도전하면서 치열한 경쟁을 벌였는데, 이때에 '대중신문'의 모든 본색이 적나라하게 드러났다. 두 신문이 벌인 치열한 경쟁의 와중에서 비롯된 저널리즘을 가리켜 황색 저널리즘yellow journalism이

라고 하는데, 황색 저널리즘은 '영혼이 없는 뉴저널리즘'으로 불린다. 1896년에서 1901년까지 전성기를 맞는 황색 저널리즘이란 말이 나오게 된 배경은 이렇다.

허스트의 주특기는 '사람 빼내가기'였다. 그는 돈으로 『뉴욕월드』의 기자들을 빼내간 건 물론이고 『뉴욕월드』에 첩자까지 심어놓았다. 그래서 퓰리처는 기자들에게 지시를 내릴 때 암호를 사용하기도 했다. 허스트는 1896년 퓰리처의 『뉴욕월드』 일요판인 『선데이월드』에 대항해 『선데이월드』의 제작진을 몽땅 비밀리에 돈으로 매수해 『선데이저널』을 창간했다.

『선데이월드』에 게재된 인기 만화 「노란 꼬마Yellow Kid」의 작가 리처드 펠턴 아웃콜트Richard F.elton Outcault, 1863~1928도 『선데이저널』로 옮겨 「노란 꼬마」를 그렸다. 아웃콜트는 엄청난 성공을 거둔 만화 시리즈 「호건의 골목길」을 만든 사람으로, 이 만화의 주인공은 반짝이는 눈동자에 웃을 때면 앞니가 빠진 자국이 드러나는 장난꾸러기 소년이었다. 이 아이는 노란색 잠옷처럼 생긴 옷을 입고 있었는데, 이 때문에 '노란 꼬마'라는 별명이 붙어 있었다.

『선데이월드』는 새로

운 만화가를 고용해 계속 「노란 꼬마」를 그리게 함으로써 두 신문 사이에 「노란 꼬마」 경쟁이 붙었다. 두 신문들 간의 상호 공격적인 PR로 당시 뉴욕 시내 어디에서나 「노란 꼬마」를 볼 수 있었다. 『뉴욕프레스』 편집국장 어빈 워드먼Ervin Wardman은 끔찍한 사건과 스캔들을 이용하는 두 신문의 방식을 가리켜 '황색 언론yellow press'이라 불렀는데, 이게 바로 '황색 저널리즘yellow journalism'이라는 용어를 탄생시킨 계기가 되었다.[14]

이 신문들은 '열쇠 구멍 저널리즘keyhole journalism'이라는 말도 들을 정도로 선정성 경쟁을 벌였다. 『뉴욕월드』가 선정적인 문장과 편집을 사용하게 된 건 역마차, 전차, 버스 통근자들의 욕구에 맞춘 결과였다. 이 신문은 판 크기를 줄이고 제목 활자를 크게 하는 동시에 그림을 사용해 독자들의 시선을 사로잡고자 했다.[15]

이 두 신문의 '황색 저널리즘' 경쟁은 1898년 미국-스페인 전쟁의 발발에 큰 영향을 미쳤다. 쿠바에 파견된 허스트 신문의 삽화插畵 기자 프레더릭 레밍턴Frederic Remington, 1861~1909이 쿠바에 전쟁이라고 할 만한 사건은 없으므로 귀국하겠다고 했을 때에 허스트는 1898년 3월 다음과 같은 내용의 전보를 보냈다. "그림만 그려 보내면 전쟁은 내가 만들어내마You'll furnish the pictures and I'll furnish the war."[16]

스페인 전쟁이 '허스트의 전쟁Hearst's war'이라는 말이 나오게 된 배경이다. 일부 역사가들은 1895년에 일어난 쿠바 폭동 사건 당시에 허스트가 발행 부수 경쟁에서 퓰리처계의 신문에 도전하지 않았더라면 1898년 미국과 스페인의 전쟁은 일어나지 않았을 것이라고 주장할 정도다.[17]

Journalism is literature in a hurry(저널리즘은 급히 쓴 문

학이다).[18] 영국의 시인이자 평론가인 매슈 아널드Matthew Arnold, 1822~1888의 말이다. '급히 쓴 문학'이 어색하다면, '속성速成 문학'이라고 해도 좋겠다.

I call 'journalism' everything that will be less interesting tomorrow than today(오늘에 비해 내일 흥미성이 떨어지는 모든 것, 그게 바로 저널리즘이다).[19] 프랑스 소설가 앙드레 지드 Andre Gide, 1869~1951의 말이다.

Journalism is printing what someone else does not want printed. Everything else is public relations(저널리즘은 다른 누군가가 발행되기를 원하지 않는 것을 발행하는 일이다. 그 외에 모든 것은 홍보일 뿐이다).[20] 영국 작가 조지 오웰George Orwell, 1903~1950의 말이다.

There can be no higher law in journalism than to tell the truth and shame the devil(저널리즘에서 아무것도 두려워하지 않고 진실을 밝히는 것보다 상위법은 없다). 미국 칼럼니스트 월터 리프먼 Walter Lippmann, 1889~1974이 『자유와 뉴스Liberty and the News』(1920)에서 한 말이다. 이건 젊었을 때 한 말이지만, 노년기에 접어들어선 이런 자조적인 말도 했다. Journalism is the last refuge of the vaguely talented(저널리즘은 재능이 모호한 사람들의 마지막 도피처다).[21]

Journalism is the first rough draft of history(저널리즘은

역사의 첫 번째 초고草稿다).²² 미국『워싱턴포스트』의 발행인 필립 그레이엄Philip Graham, 1915~1963이 죽기 3개월 전인 1963년 4월에 한 말이다.

언론은
서치라이트의
빛과 같다

The liberty of the press is essential to the security of the state(언론의 자유는 국가 안보에 필수적이다).[23] 미국 매사추세츠주 헌법(1780)의 자유언론 조항으로 나중에 미국 제2대 대통령이 되는 존 애덤스John Adams, 1735~1826가 작성한 것이다.

the fourth estate는 "언론계"를 가리킨다. 중세 유럽엔 '세 신분Three Estates(성직자, 귀족, 평민)'이 있었는데, 이는 사실상 19세기까지도 지속되었다. 1787년 영국의 보수 사상가이자 정치가인 에드먼드 버크Edmund Burke, 1729~1797가 의회 연설에서 기자석을 가리키며 '제4부the fourth estate'로 지칭한 데서 유래했다.[24]

The gallery in which the reporters sit has become a fourth estate of the realm(의회의 기자석은 제4부가 되었다). 1828년 영국의 정치가이자 시인인 토머스 매콜리Thomas B. Macaulay,

1800~1859가 『에든버러리뷰Edinburg Review』에 쓴 글에서 한 말이다.[25]

버크가 '제4부'라는 말의 원조라는 건 역사가 토머스 칼라일

Thomas Carlyle, 1795~1881의 『영웅과 영웅 숭배On Heroes and Hero Worship』 (1841)에 나온 기록에 따른 것이다. 그런데 버크의 그 어떤 저작에서도 '제4부'라는 말을 찾을 수 없어 칼라일이 매콜리를 버크로 착각했을 것이라고 보는 견해가 있다.[26] 오늘날 언론을 가리켜 '제4부'라 하는 건 입법·사법·행정에 이은 제4부라는 의미가 강하다.

The pen is mightier than the sword(펜은 칼보다 강하다).[27] 영국 정치가 에드워드 불워리턴Edward Bulwer-Lytton, 1803~1873이 1839년에 한 말이다.

The most important service rendered by the press and the magazines is that of educating people to approach printed matter with distrust(언론과 잡지에 의해 제공되는 가장 중요한 서비스는 인쇄물을 불신하게끔 사람들을 교육시키는 것이다).[28] 영국 작가 새뮤얼 버틀러Samuel Butler, 1835~1902의 말이다.

The press rules the people, the capital rules the press(언론은 사람들을 지배하고, 자본은 언론을 지배한다).[29] 미국의 진보적 경제학자 헨리 조지Henry George, 1839~1897의 말이다.

The press is the bible of democracy, the book out of which a people determines its conduct(언론은 국민이 행동을

결정하는 근거로 삼는 책, 즉 민주주의의 성
경이다).[30] 미국 칼럼니스트 월터 리
프먼Walter Lippmann, 1889~1974
의 말이다.

The press is like the
beam of a searchlight that
moves restlessly about,
bringing one episode and
then another out of darkness into
vision. Men cannot do the work of the world by this light
alone(언론은 사건을 하나씩 어둠에서 꺼내 빛을 밝히는, 끊임없이 움직이는
서치라이트의 빛과 같다. 사람들은 이 빛만으론 세상사를 다 알 수는 없다).[31]
미국 칼럼니스트 월터 리프먼Walter Lippmann, 1889~1974의 말이다.

The free press is the mother of all our liberties and
of our progress under liberty(자유언론은 우리가 누리고 있는 모든
자유와 자유로 인해 얻은 진보의 어머니다). 미국 정치가 아들라이 스티븐
슨Adlai E. Stevenson, 1900~1965의 말이다.

Freedom of the press is guaranted only to those who
own one(언론의 자유는 언론을 소유한 사람들에게만 보장된다).[32] 미국 언
론인 A. J. 리블링A. J. Liebling, 1904~1963이 1960년에 한 말이다.

People in the media say they must look at the
president with a microscope. Now I don't mind a
microscope, but boy, when they use a proctoscope, that's
going to far(미디어업계에 있는 사람들은 자기들이 대통령을 현미경으로

관찰해야 한다고 말합니다. 저는 현미경은 신경 쓰지 않아요. 그러나, (세상에!) 그들이 항문경肛門鏡을 사용하는 건 너무 나간 겁니다).[33] 미국 제37대 대통령 리처드 닉슨Richard M. Nixon, 1913~1994이 1984년에 한 말이다. 여기서 감탄사로 쓰인 boy는 놀람, 승인, 불쾌감, 경멸 따위를 나타내는 외침이며, proctoscope는 항문과 직장直腸에 삽입되어 직장의 건강 상태를 확인할 수 있는 항문경肛門鏡 또는 직장경直腸鏡이다.

In the U.S. today we have more than our share of nattering nabobs of negativism. They've formed their own 4-H club-the hopeless, hysterical, hypochondriacs of history(오늘날 미국엔 부정주의를 떠들어대기 좋아하는 족속이 너무 많다. 그들은 그들 나름의 4-H 클럽을 만들었는데, 그건 역사에 대해 보이는 절망, 히스테리, 건강염려증이다).[34] 미국 부통령 스피로 애그뉴Spiro T. Agnew, 1918~1996의 말이다. 1960년대 말에서 1970년대 초에 이르기

까지 닉슨 행정부는 진보적 언론과 전쟁을 벌이고 있었는데, 그 선두에 선 애그뉴가 언론을 향해 퍼부은 조롱이자 비난이다.

4-H 클럽은 1902년 미국에서 조직된 농촌 발전을 위한 청소년 단체로 4-H, 즉 두뇌Head·마음Heart·손Hand·건강Health을 주요 목표이자 수단으로 제시했다. 한국에서는 1947년에 도입했는데, 두뇌, 마음, 손, 건강을 지智, 덕德, 노勞, 체體로 번역 사용했다. 애그뉴가 말한 4-H는 좀 억지스럽다는 느낌을 주긴 하지만, 이는 당시 벌어진 대對언론 전쟁이 매우 치열했다는 걸 말해주는 것이기도 하다.

1969년 11월 13일 애그뉴는 아이오와주 데모인Des Moines에서 행한 연설에서 "그레셤의 법칙이 네트워크 뉴스에 작용하고 있는 것 같다. 나쁜 뉴스가 좋은 뉴스를 몰아내고 있다"고 주장했다. TV 뉴스는 "비합리적인 것, 반대, 대결, 과격 분자, 폭력, 논쟁, 액션, 흥분, 드라마틱한 것, 농성, 위법 상태"들만을 강조하고 있다는 것이다. 애그뉴는 또 TV 방송사들의 앵커맨들을 겨냥해 "국민에 의해 선출되지도 않은 소수의 사람들이 국가의 중대사를 선별하고 제시하고 해석하는 데 막강한 영향력을 행사하고 있다"고 비난했다.

당시 미국 국민은 닉슨 행정부의 언론에 대한 불만에 일리가 있음을 인정했다. 갤럽 여론조사에 따르면 애그뉴의 연설을 들은 사람은 5명 중 4명이었는데 그중 42퍼센트가 공감을 표시한 반면 반대의 생각을 나타낸 사람은 26퍼센트였다. 애그뉴의 언론 공격은 꽤 효과적이었던 것으로 보인다. 『워싱턴포스트』의 기자 칼 번스타인Carl Bernstein, 1944~은 1973년 『타임』과의 인터뷰에서 "우리의 기사 보도에 대해서는 오랫동안 불신이 있었습니다. 스피로 애그뉴가 워낙 자기 일을 잘했기 때문이지요. 애그뉴는 수많은 사람의 마음에 불신의

싹을 심어놓았고, 그 때문에 동부 지역의 저명한 신문들에 대한 불신이 높아졌어요."라고 말했다.[35]

그레셤의 법칙은 16세기 영국의 재무관 토머스 그레셤Thomas Gresham, 1519~1579이 제창한 화폐 유통에 관한 법칙으로 "악화惡貨는 양화良貨를 구축驅逐한다 Bad money drives out good"는 말로 표현된다.[36] 그런데 흥미롭게도 이 법칙이 20여 년 후 보수가 아닌 진보적 언론인에 의해 다시 거론된다.

The press has its own version of Gresham's Law: the tendency, in the competition for readers, to let the scandalous and sensational drive out serious news(언론은 그 나름의 '그레셤의 법칙'을 갖고 있다. 그건 독자 확보 경쟁에서 스캔들과 선정적 뉴스가 심각한 뉴스를 몰아내는 경향이다.)[37] 미국 언론인 앤서니 루이스Anthony Lewis, 1927~2013가 「언론 자유」라는 제목의 『뉴욕타임스』(1993년 12월 24일 자) 칼럼에서 한 말이다.

넷플릭스가
집어삼킨
텔레비전

A health director······reported this week that a small mouse, which presumably had been watching television, attacked a little girl and her full-grown cat.······Both mouse and cat survived, and the incident is recorded here as a reminder that things seem to be changing(보건 당국의 한 관계자는, 줄곧 텔레비전을 시청해온 것으로 추정되는 작은 쥐 한 마리가 어린 소녀와 그 아이의 다 큰 고양이에게 덤벼들었다고 이번 주에 보고했다. 쥐와 고양이 모두 생명에는 지장이 없었지만 이 사건은 뭔가 변하고 있는 것 같다는 점을 떠올리게 해준다).[38]

미국 언론인 제임스 레스턴James Reston, 1909~1995이 『뉴욕타임스』(1957년 7월 7일)에 쓴 기사의 일부다. 급성장하는 새로운 미디어에 대한 우려는 늘 존재하기 마련이라는 걸 시사해준다 하겠다. 캐나

다의 미디어 학자 마셜 매클루언Marshall McLuhan, 1911~1980의 『미디어의 이해Understanding Media』(1964)가 이 기사를 소개하는 것으로 시작하고 있다는 게 흥미롭다.

I'm not interested in culture. I'm not interested in pro-social values. I have only one interest. That's whether people watch the program. That's my definition of good, that's my definition of bad(나는 문화에는 관심이 없다. 나는 사회를 위한 가치 같은 것에는 관심이 없다. 나는 단 한 가지에만 관심을 가지고 있다. 그것은 사람들이 어떤 프로그램을 보는지라는 문제다. 이것이 옳고 그름에 대한 나의 판단 근거다).[39] 시청률 조사를 담당하는 미국 CBS-TV 부사장 아널드 베커Arnold Becker가 미디어 학자 토드 기틀린Todd Gitlin, 1943~2022에게 한 말이다. 이 말은 1983년에 출간된 기틀린의

저서 『Inside Prime Time』에 실렸다.

Watching TV is the dominant leisure activity of Americans, consuming 40 percent of the average person's free time as a primary activity 『when people give television their undivided attention』. Television takes up more than half of our free time if you count······ watching TV while doing something else like eating or reading······[or] when you have the set on but you aren't paying attention to it(TV 시청은 평균적인 사람의 첫 번째 활동으로서 사람들의 자유시간의 40퍼센트를 차지하는 지배적인 여가 활동이다. 음식을 먹거나 독서를 하는 것처럼 무언가 다른 일을 하면서 TV를 보는 것과, TV를 켜 놓고 보지 않고 있는 상황을 합친다면 텔레비전 시청은 자유시간의 절반 이상을 차지한다).[40] 1990년 미국의 한 조사자가 쓴 글의 일부다.

We don't try to tell our audience what they should do about something. We'd fall victim to channel surfing in a minute if we were preachy and tried to tell them what to do-or how to vote(우리는 시청자에게 뭔가에 대해 무엇을 해야 하는지 말하지 않습니다. 설교조로 그들에게 할 일-어떻게 투표해야 하는지 등-을 말하려 하면 1분 이내에 채널이 돌아가버립니다).[41] 『뉴욕 타임스 매거진』 1992년 10월 11일자에 소개된, 미국 MTV 네트워크의 CEO 주디 맥그

레스Judy McGrath, 1952~의 말이다. preachy는 '설교하려 드는'이란
뜻이다.

Not only do unhappy people watch considerably
more TV than happy people, but TV watching also pushes
aside other activities that are less immediately engaging
but can produce longer-term satisfaction(불행한 사람은 행복
한 사람보다 텔레비전 시청 시간이 훨씬 많을 뿐만 아니라, 텔레비전 시청 때문
에 당장은 매력적이지 않더라도 장기적 만족을 더 많이 주는 다른 활동들을 하
지 못한다).[42]

스위스 행동경제학자 브루노 프레이Bruno Frey, 크리스틴 베네
시Christine Benesch, 알로이스 스투처Alois Stutzer가 2007년 『경제심리
학 저널』에 발표한 「텔레비전 시청은 우리를 행복하게 만들까?Does
Watching TV Make Us Happy?」라는 논문에서 내린 결론이다.

The 'immediacy' and 'liveliness' that had been
believed integral to the experience of television was
believed to be a by-product of its previous distribution
technologies. Internet and other digital technologies
allowed viewers to access television at their command-
as had occurred with print and audio media. Viewers
rejoiced, but television's business models now needed to
catch up(우리가 TV 시청 경험의 일부라고 믿었던 '즉시성'과 '생생함'은
TV라는 유통 기술이 만든 부산물로 여겨져왔다. 인터넷과 기타 디지털 기술 덕
분에 시청자들은 TV 역시 인쇄 및 오디오 매체처럼 자신의 의지대로 다룰 수
있게 되었다. 시청자들은 환호했지만 TV의 비즈니스 모델은 이제 변화를 따라

잡아야 하는 처지에 놓였다).[43]

　미국 미디어 학자 아만다 로츠Amanda D. Lotz가 『우리는 이제 이 방송을 파괴한다We Now Disrupt This Broadcast』(2018)에서 스트리밍 서비스 시대의 TV에 대해 한 말이다. 스트리밍streaming은 음악 파일 이나 동영상 파일을 스마트폰 따위의 휴대용 단말기나 컴퓨터에 내려 받거나 저장해 재생하지 않고, 인터넷에 연결된 상태에서 실시간으로 재생하는 일 또는 그런 재생 기술이나 기법을 말한다.

　The depth of Netflix's protective moat would be revealed as subscribers flocked to the service for entertainment refuge, as the unseen virus spread across the globe.……As most streaming rivals, save for Disney, struggled to find their footing in this new environment,

Netflix was firmly ensconced. It was rooted in the television firmament. For millions of consumers, Netflix had become synonymous with TV(보이지 않는 코로나 바이러스가 전 세계로 확산하면서 엔터테인먼트로 피신하려는 사람들이 가입 러시를 이루었고 덕분에 넥플릭스가 구축해둔 거대한 참호가 위용을 떨쳤다.……디즈니를 제외한 대부분의 라이벌 기업들이 갑작스럽게 닥친 낯선 환경에 적응하려고 고군분투했지만 넷플릭스는 여유 있게 안착했다. 나아가 TV업계에 단단히 뿌리내리면서 수백만 명의 가입자들이 TV는 곧 넷플릭스라고 생각하게 만들었다).[44]

미국 언론인 데이드 헤이스Dade Hayes와 돈 흐미엘레프스키 Dawn Chmielewski가 『스트리밍 이후의 세계: 콘텐츠 폭식의 시대 어떻게 승자가 될 것인가Binge Times: Inside Hollywood's Furious Billion-Dollar Battle to Take Down Netflix』(2022)에서 한 말이다. ensconce는 '안락하게 자리를 잡다'는 뜻이다. firmament는 '창공, 하늘'이지만, a rising star in the literary firmament(문학계의 창공에 떠오르는 샛별)처럼 비유적으로 '업계, 분야'라는 뜻으로 쓰기도 한다.

넷플릭스가 텔레비전을 집어삼키는 현상은 한국엔 딜레마다. 한국 콘텐츠의 세계화는 축복이지만, 그 그늘도 만만치 않다. 2024년 1월 『조선일보』 기자 이은영은 "콘텐츠업계가 위기에 직면했다. 광고 시장 침체 속에 제작비 인플레이션을 맞은 방송가는 드라마 방영을 줄였고, 토종 온라인 동영상 서비스OTT는 적자가 쌓이고 있다"며 다음과 같이 말한다.

"결국 자본시장 논리에 따라 흥행 콘텐츠들은 막대한 자본력을 가진 넷플릭스 앞에 줄 서게 됐다.……그러나 넷플릭스 오리지널 콘텐츠의 지식재산권IP은 넷플릭스에 귀속돼 제작사에 쥐어지는 돈은 많지 않다. 넷플릭스가 제작사에 지급하는 판권비는 제작비의 110% 수준이다. 제작사는 작품이 실패해도 적자를 보지 않지만, 〈오징어게임〉처럼 수조 원의 부가가치를 창출하며 성공을 거둬도 과실을 나눠 가질 수 없다. 국내 콘텐츠업계의 걸출한 인재들이 넷플릭스의 하청 인력으로 전락했다는 비판이 나오는 것도 이 때문이다."[45]

우리 인생은
미디어를
위한 쇼다

우리가 오늘날 외래어로 널리 쓰는 '미디어media'는 medium의 복수複數이지만, '현상'을 뜻하는 phenomenon의 복수형 phenomena처럼 종종 단수형으로 사용되기도 한다. 미디어를 우리말로 번역하면 매개체媒介體이며, 줄여서 매체媒體라고 한다. 매체는 "둘 사이에서 어떤 일을 하는 구실을 하는 물건"(『동아출판사 국어사전』)이다. 예컨대, A와 B가 커뮤니케이션을 하는데, 직접 만나서 이야기를 하는 것이 아니라, 전화로 커뮤니케이션을 한다면 전화가 바로 매체인 셈이다.

　매스미디어mass media는 '대중매체'로 번역해 쓰는 경우가 많다. A와 B가 커뮤니케이션을 하는데, A가 TV 방송사이고 B가 시청자이면 TV는 매체인 동시에 대중매체다. 즉, 커뮤니케이션을 하더라도 어느 한쪽이 많은 수의 사람을 상대로 하여 하는 매스 커뮤니케이션의 매체가 바로 대중매체인 것이다.

medium의 원래 뜻은 '중간, 중간적 입장'이며, strike [achieve, attain, hit] a happy medium은 "양쪽을 모두 만족시킬 수 있는 타협책을 찾다, 중용을 지키다"는 뜻이다. She wanted ice cream, but her father wanted cake, so they strike a happy medium. They bought an ice-cream cake(그녀는 아이스크림, 아빠는 케이크를 원했기에, 그들은 타협책으로 아이스크림 케이크를 샀다).[46]

오늘날 우리가 자주 쓰는 의미에서 미디어라는 단어는 16세기 말에 처음 등장해 17세기 초 '중간에 집어넣는 또는 매개하는 작용이나 실체'라는 의미가 성립되었다. 미디어라는 단어가 대중의 일상적 삶에서 널리 쓰이게 된 건 방송의 위상이 신문과 어깨를 견줄 정도가 된 20세기 중엽부터다.[47]

In 1937, Herb Morrison, a Chicago news announcer, went to Lakehurst, New Jersey, to cover the arrival of the dirigible Hindenburg after its maiden trans-Atlantic flight. Morrison began his broadcast calmly and objectively, but when the Hindenburg burst into flame and he saw passengers fall screaming to their deaths, he broke into sobs. This was considered unprofessional, and Morrison lost his job(1937년 시카고의 뉴스 아나운서인 허브 모리슨은 비행선 '힌덴버그호'가 대서양 횡단을 마치고 도착하는 것을 보도하기 위해 뉴저지의 레이크허스로 떠났다. 처음에 모리슨은 차분하고 객관적으로 방송을 시작했다. 그러나 갑자기 힌덴버그호가 폭발하여 불길에 휩싸이고 승객들이 비명을 지르며 떨어져 죽는 장면을 보게 된 그는 흐느껴 울며 말하기 시작했다. 이 일은 비전문가적인 것으로 간주되었고 모리슨은 해고당했다).

Years later, while covering the Kennedy assassination, Walter Cronkite also broke into sobs. Far from considering him unprofessional, most viewers looked upon the incident as a tribute to Cronkite's humanity. No one dared criticize his conduct or accuse him of failing to maintain the proper professional objectivity(그 후 케네디 암살을 보도하던 월터 크롱카이트 또한 흐느끼며 말했다. 대부분의 시청자들은 그를 비전문가로 간주하기는커녕 이 사건이 크롱카이트의 인간성을 보여준 것이라며 찬사를 보냈다. 누구도 감히 그의 행위를 비난하거나 그가 전문가적인 적절한 객관성을 유지하지 못했다고 문책하지 않았다).

In the years between the Hindenburg disaster and the assassination of Kennedy, radio hosts such as Arthur Godfrey and Henry Morgan introduced a more relaxed and personal, conversational style, uncorseted by the restrictions of script and attuned to the intimate character of the medium itself(힌덴버그 참사와 케네디 암살 사건 사이에 아서 고드프리, 헨리 모건 같은 라디오 사회자들이 좀더 부드럽고 개인적이며 대화하는 듯한 방식으로 대본의 구속에서 벗어나 매체 자체의 친밀한 특성에 조화된 방법을 소개했다).

They talked as though they were addressing an audience of one, rather than an audience of millions, and in so doing, made "private speaking" an art in its own right by developing the correct verbal projection

distance for radio in the home. Radio was shackled to print until the 1950s and 1960s, when improvisation and informal discussion helped it realize its own character. Radio, once "read," is now "said."(그들은 수백만의 청중들에게 소리치듯이 하는 것이 아니라 청취자 한 사람 한 사람에게 말하는 것처럼 이야기했다. 그리고 가정 내에서 라디오가 말로 전할 수 있는 적당한 거리를 발견해냄으로써 '개인적인 대화'를 예술로 만들었다. 1950년대 혹은 1960년대까지, 즉 흥적인 발언과 격식을 차리지 않은 토의 등이 라디오 고유의 특성을 깨닫는 데 도움을 주기까지 라디오는 인쇄매체에 묶여 있었다. 라디오는 전에는 읽는 것이었지만 지금은 말하는 것이다).[48]

　　미국의 미디어 이론가 토니 슈워츠Tony Schwartz, 1923~2008가

『미디어: 제2의 신』(1981)에서 한 말이다. 미디어는 시간의 흐름에 따라 그 성격과 이용 방식에도 변화가 온다는 걸 잘 보여주는 흥미로운 사례라서 길게 소개했다. 힌덴버그 참사는 탑승자 97명 중 35명이 사망한 비극이었음에도 라디오 아나운서가 흐느껴 울면서 말했다는 이유로 해고당했지만, 그로부터 26년 후인 1963년 케네디 암살 사건에선 라디오 기능을 포함하고 있는 텔레비전에 전혀 다른 기준이 적용되었다는 게 이상하게 느껴지지 않는가? dirigible은 비행선, uncorseted는 '코르셋을 입지 않은, 속박되지 않은'이란 뜻이다.

Life has become a show staged for the media(인생은 미디어를 위해 설정된 무대 위의 쇼가 되었다). 미국 언론인이자 영화 평론가인 닐 게이블러Neal Gabler, 1950~가 『삶: 영화-엔터테인먼트는 어떻게 현실을 정복했는가Life: The Movie-How Entertainment Conquered Reality』(1998)에서 한 말이다. 이와 관련, 미디어 학자 토드 기틀린Todd Gitlin, 1943~2022은 『무한 미디어: 미디어 독재와 일상의 종말』(2002)에서 다음과 같이 말한다.

Denouncing media hype, often for good reason, the critic easily enough slips from disgust with the corruptions of media into a belief that the media are responsible for well-nigh everything undesirable, corrupt, or deceptive.……The critics rarely address the popular passion for illusion, the will 'not to know.' They do not acknowledge the pleasures of the white-water trip down the torrent(비평가들은 정당한 이유를 제시하며 미디어의 허위를 비난하지만, 평소 미디어의 부패에 대해 갖고 있는 강한 불신 때문에 주변

의 모든 부패와 기만에 대한 책임을 미디어로 돌리는 경향이 있다.……비평가들은 환상에 대한 대중의 열정을 거의 인정하지 않는다. 그것은 일종의 의지, 즉 '알고 싶어하지 않는 의지'에 가깝다. 그들은 미디어 급류에 몸을 맡기고 물 흐르듯이 흘러가는 순항의 즐거움을 인정하는 데 몹시 인색하다).[49]

slip into는 "(자기도 모르는 사이에) ~의 상태에 빠지다", slip into a moody depression는 '부지불식간에 울적해지다', slip into an intimacy는 '어느덧 친한 사이가 된다'는 뜻이다. white water는 "(파도나 급류 따위의) 하얀 거품이 이는 물", torrent는 "급류, 마구 쏟아짐[퍼부음], 빗발침(=deluge)"을 뜻한다.

Young people don't want to rely on a Godlike figure from above to tell them what's important. They want control over their media, instead of being controlled by it(이제 젊은 사람들은 자신들에게 무엇이 중

요한지 말해줄 위대한 사람에게 의지하려 하지 않는다. 그들은 미디어에 통제받는 대신 자신들의 미디어를 통제하고 싶어 한다). 글로벌 미디어 거물인 루퍼트 머독Rupert Murdoch, 1931~이 2005년의 한 강연에서 한 말이다.

머독의 이 발언에 대해 미국의 IT 전문지『와이어드 매거진Wired Magazine』의 편집장 크리스 앤더슨Chris Anderson, 1961~은『롱테일 경제학The Long Tail: Why the Future of Business Is Selling Less of More』(2006)에서 다음과

같이 논평했다.

He was among the first of the media moguls to grasp the magnitude of today's elite versus amateur divide(그는 미디어 거물들 중 오늘날 미디어업계에서 벌어지고 있는 '엘리트 대 아마추어 경쟁'의 중요성을 최초로 파악한 사람 중 한 명이다).[50]

미디어업계 내부에서 어떤 변화가 일어나건 미디어가 우리의 환경으로 군림하면서 인생이 '미디어를 위한 쇼'처럼 되어가는 현실엔 변함이 없으며 날로 더 심해지고 있다. mediacracy(미디어가 지배하는 체제), mediality(미디어에 의해 창조된 현실), mediatization(사회 전체가 미디어에 의해 구성되는 미디어화) 등과 같은 신조어들의 탄생이 그런 현실을 웅변해주고 있는 건 아닐까? 지금 이 순간에도 세계 어느 곳에서건 자신의 소셜미디어에 더 좋은 그림을 담기 위해 몸부림치는 수많은 사람을 보라!

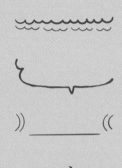

제6장

정치 · 권력 · 민주주의 · 대통령 · 리더

정치는
가능성의
예술이다

War is politics by other means(전
쟁은 다른 수단에 의한 정치다).[1] 독
일의 전쟁 이론가인 카를 폰 클
라우제비츠Carl von Clausewitz,
1780~1831의 말이다. Politics
is war without bloodshed,
and war is politcis with
blood(정치는 무혈의 전쟁이요, 전쟁은
유혈의 정치다).[2] 중국 정치가 마오쩌둥毛澤

東, 1893~1976이 1938년 클라우제비츠의 책을 읽고 나서 한 말이다.

A politician thinks of the next election; a statesman,
of the next generation(정치인은 다음 선거를 생각하지만, 정치가는 다음 세대를 생각한다). 미국 성직자 제임스 프리먼 클라크James Freeman Clarke, 1810~1888의 말이다.

Politics is the art of possible(정치는 가능성의 예술이다). 독일 정치가 오토 폰 비스마르크Otto Von Bismarck, 1815~1898의 말이다. 이어 그는 '차선의 예술the art of the next best'이라고도 했는데, 타협이 불가피하다는 뜻으로 한 말이다. 그는 "헌법 생활은 결코 수학적 규칙일 수 없으며 결코 도그마적인 법률 규정에만 따라 판단될 수 없다"며 "정치란 끝없는 타협이다"고 했다. 같은 맥락에서 그는 Politics is an inexact science(정치[학]는 부정확한 과학이다)라고 했다. '가능성의 예술'이란 말이 멋져 보였는지 이후 이걸 응용해 쓰는 사람들이 나타났다.

미국 경제학자 존 케네스 갤브레이스John Kenneth Galbraith, 1908~2006는 1962년 3월 2일 존 F. 케네디John F. Kennedy, 1917~1963 대통령에게 보낸 편지에서 다음과 같이 썼다. Politics is not the

art of the possible. It consists in choosing between the disastrous and the unpalatable(정치는 가능성의 예술이 아니다. 정치는 참혹스러운 것과 불쾌한 것 중에서 선택하는 것이다).

프랑스 대통령 자크 시라크Jacques Chirac, 1932~2019는 비스마르크의 말을 이렇게 변형시켜 선거 슬로건으로 사용했다. Politics is not the art of the possible; it is the art of making possible what is necessary(정치는 가능성의 예술이 아니다. 필요한 것을 가능하게 만드는 예술이다).[3]

There is no morality in politics, there is only expediency(정치에 도덕성은 없다. 오직 편의성만 있을 뿐이다).[4] 러시아 혁명가 블라디미르 레닌Vladimir Lenin, 1870~1924이 1915년 9월 연설에서 한 말이다.

Politics are almost as exciting as war, and quite as dangerous. In war you can only be killed once, but in politics many times(정치는 전쟁만큼 흥분하게 만드는 동시에 위험한 것이다. 전쟁에서는 한 번 죽지만 정치에서는 여러 번 죽는다).[5] 영국 정치가 윈스턴 처칠Winston Churchill, 1874~1965의 말이다.

Politics is history in the making(정치는 형성 중인 역사다).[6] 아돌프 히틀러Adolf Hitler, 1889~1945가 『나의 투쟁Mein Kampf』(1924)에서 한 말이다.

Politics is a blood sport(정치는 유혈 스포츠다).[7] 영국 정치인 어나이린 베번Aneurin Bevan, 1897~1960의 말이다.

The function of political rhetoric is to sharpen up the pointless and blunt the too sharply pointed(정치언어의 기능

은 뭉툭한 것을 날카롭게 하고 매우 날카로운 것을 뭉툭하게 하는 것이다).[8] 미국 문학 이론가 케네스 버크Kenneth Burke, 1897~1993의 말이다.

What we need is to moralize politics, and not to politicize morals(우리에겐 필요한 건 정치의 도덕화이지, 도덕의 정치화가 아니다).[9] 영국 철학자 카를 포퍼Karl Popper, 1902~1994가 『열린 사회와 그 적들The Open Society and Its Enemies』(1945)에서 한 말이다.

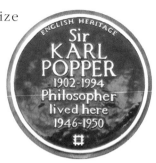

In our age there is no such thing as 'keeping out of politics'. All issues are political issues(우리 시대에 '정치와 멀리하기' 같은 건 없다. 모든 이슈가 정치적 이슈들이다).[10] 영국 작가 조지 오웰George Orwell, 1903~1950의 말이다.

In politics, more than anywhere else, we have no possibility of distinguishing between being and appearance(그 어떤 분야보다도 정치에서는 실재와 외양을 구별할 길이 없다).[11] 미국 정치철학자 해나 아렌트Hannah Arendt, 1906~1975의 말이다.

Nothing is so admirable in politics as a short memory(정치에서 건망증처럼 감탄스러운 건 없다).[12] 미국 경제학자 존 케네스 갤브레이스John Kenneth Galbraith, 1908~2006의 말이다.

All politics are based on the indifference of the majority(모든 정치는 다수의 무관심에 기초를 두고 있다).[13] 미국 언론인 제임스 레스턴James B. Reston, 1909~1995의 말이다.

Politics is the greatest spectator sport in America(정치는 미국에서 가장 거대한 관중 스포츠다).[14] 보스턴을 배경으로 한 정당 정치를 다룬 에드윈 오코너Edwin O'Connor, 1918~1968의 소설 『The Last Hurrah(마지막 함성)』(1956)에 등장하는 보스턴 시장 프랭크 스케핑턴Frank Skeffington이 젊은 조카에게 한 말이다.

Money is the mother's milk of politics(돈은 정치의 모유母乳다).[15] 미국 캘리포니아주의 주의원인 제시 언루Jesse M. Unruh, 1922~1987가 1970년에 한 말이다.

All struggles are, by definition, political. To talk about a 'political struggle' is, strictly speaking, a tautology(모든 투쟁은 그 자체로 정치적이다. '정치적 투쟁'이라고 말하는 것은 엄격하게 말하자면 동어반복同語反覆이다).[16] 아르헨티나의 포스트마르크스주의 이론가인 에르네스토 라클라우Ernesto Laclau, 1935~2014가 『포퓰리스트 이성Populist Reason』(2007)에서 한 말이다.

In politics, an organized minority is a political majority(정치에선 조직된 소수가 정치적 다수다).[17] 미국의 흑인 민권운동가이자 정치인인 제시 잭슨Jesse L. Jackson, 1941~의 말이다.

All politics isn't local-not anymore. All politics is now global. Not every country may feel itself part of the globalization system, but every country is directly or indirectly being shaped and affected by this system(모든

정치는 더는 지역적이 아니다. 모든 정치는 이제 세계적이다. 모든 나라가 다 자국自國이 글로벌 시스템의 일부라고 느끼는 건 아닐망정, 모든 나라가 직간접적으로 글로벌 시스템에 의해 형성되고 영향받고 있는 건 분명하다).[18]

　　미국 저널리스트 토머스 프리드먼Thomas L. Friedman, 1953~이 『렉서스와 올리브나무』(2000)에서 한 말이다. 하지만 정치의 글로벌한 면이 강해지고 있다는 걸 강조한 프리드먼 특유의 과장법일 뿐, 정치의 지역적 속성은 영원히 사라질 수 없는 것이다. 당장 동네에 무슨 일이 생겼을 때 그 직접적인 이해당사자이자 해결해야 할 주체는 그 동네에 사는 사람들이라는 사실은 달라질 수 없기 때문이다.

There is not a liberal America and a conservative America-there is the United States of America. There is not a Black America and a White America and Latin America and Asian America-there's the United States of

188

America.……Do we participate in a politics of cynicism or do we participate in a politics of hope(리버럴 아메리카도 없고 보수 아메리카도 없습니다. 아메리카합중국合衆國이 있을 뿐입니다. 흑인 아메리카도 없고 백인 아메리카도 없고 라틴아메리카도 없고 아시안 아메리카도 없습니다. 아메리카합중국이 있을 뿐입니다.……우리는 냉소의 정치에 참여해야 할까요. 아니면 희망의 정치에 참여해야 할까요?)[19]

미국 일리노이주 연방 상원의원 민주당 후보인 버락 오바마Barack Obama, 1961~가 2004년 7월 27일 민주당 전당대회 기조연설에서 한 말이다. 이 연설 하나로 무명의 오바마는 하루아침에 유명해져 상원의원에 당선되는 동시에 4년 후 대선에서 민주당 후보로 대통령에 당선되었다.

권력은
매우 강력한
약물이다

If you wish to know what a man is, place him in authority(권력의 자리에 올랐을 때 인간 됨됨이가 드러난다). 고대 그리스 정치가 피타쿠스Pittacus, B.C.650~B.C.570의 말이다.

The lust for power never dies-men cannot have enough(권력욕은 결코 죽지 않는다. 그 누구도 충분하다고 만족하지 않기 때문이다).[20] 고대 그리스 비극 작가 아이스킬러스Aeschylus, B.C.525~B.C.456의 말이다.

Lust of power is the most flagrant of all the passions(권력에 대한 욕망은 모든 열정 가운데 가장 노골적이다).[21] 고대 로마의 역사가 푸블리우스 코르넬리우스 타키투스Publius Cornelius Tacitus, 56~117의 말이다.

The desire for power in excess, caused the angels

to fall(권력욕의 과잉은 천사마저 추락하게 만든다). 영국 철학자 프랜시스 베이컨Francis Bacon, 1561~1626의 말이다. 그는 다음과 같은 명언도 남겼다. It is a strange desire to seek power and to lose liberty, or to seek power over others and to lose power over a man's self(자유를 대가로 권력을 탐하거나 자신에 대한 통제력을 대가로 타인에 대한 권력을 탐하는 건 이상한 욕망이다).[22]

Power gradually extirpates from the mind every humane and gentle virtue(권력은 마음속에서 점차 인간적이고 온화한 덕성을 제거한다).[23] 영국의 보수 사상가이자 정치가인 에드먼드 버

크Edmund Burke, 1729~1797가 『자연적 사회에 대한 변호Vindication of A Natural Society』(1756)에서 한 말이다.

Power is always right, weakness always wrong. Power is always insolent and despotic(권력은 늘 옳고 나약함은 늘 그르다. 권력은 늘 무례하고 독재적이다).[24] 미국 사전 편찬자 노아 웹스터Noah Webster Jr., 1758~1843의 말이다.

Nearly all men can stand adversity, but if you want to test a man's character, give him power(거의 모든 사람이 역경은 견뎌낼 수 있다. 누군가의 품성을 시험해보고자 한다면 그에게 권력을 주어라).[25] 미국 제16대 대통령 에이브러햄 링컨Abraham Lincoln, 1809~1865의 말이다.

THE RAIL CANDIDATE.

In order to obtain and hold power, a man must love it(권력을 얻고 지키고자 한다면 권력을 사랑해야만 한다).[26] 러시아 작가 레프 톨스토이Lev Tolstoy, 1828~1910의 말이다.

Power tends to corrupt, and absolute power corrupts absolutely(권력은 부패하며, 절대 권력은 절대 부패한다). 영국 정치인이자 역사가인 액튼 경Lord Acton, 1834~1902의 말이다. 이 명언은 다음과 같은 식으로 수많은 응용을 낳았다. Powerlessness corrupts. Absolute powerlessness corrupts absolutely(무력감은 부패한다. 절대적 무력감은 절대적으로 부패한다).[27] 미국 하버드대학 경영학자 로자베스 모스 칸터Rosabeth Moss Kanter, 1943~의 말이다.

This world is the will to power-and nothing besides(이 세상은 권력에의 의지이다. 그 외에는 아무것도 없다)![28] 독일 철학자 프리드리히 빌헬름 니체Friedrich Wilhelm Nietzsche, 1844~1900의 말이다.

Power does not corrupt man; fools, however, it they get into a position of power, corrupt power(권력은 사람을 타락시키지 않는다. 그러나 바보들이 권력을 갖게 되면 권력을 타락시킨다).[29] 아일랜드 작가 조지 버나드 쇼George Bernard Shaw, 1856~1950의 말이다.

A person who craves too much power leads oneself

to self-destruction(힘을 지나치게 갈구하는 인간은 스스로를 자기 파멸로 이끌게 마련이다).[30] 오스트리아 정신의학자 알프레트 아들러Alfred Adler, 1870~1937의 말이다.

Power corresponds to the human ability not just to but to act in concert. Power is never the property of an individual; it belongs to a group and remains in existence only so long as the group keeps together(권력은 그냥 행동하지 않고 제휴하여 행동할 수 있는 인간의 능력에 조응한다. 권력은 결코 개인의 고유 특성이 아니다. 그것은 집단에 속하는 것이며 집단이 함께 보유하는 한에서만 존속한다).[31] 미국 정치철학자 해나 아렌트Hannah Arendt, 1906~1975가 『폭력론On Violence』(1970)에서 한 말이다.

Power is the ultimate aphrodisiac(권력은 최고의 최음제다).[32] 미국 국무장관을 지낸 헨리 키신저Henry Kissinger, 1923~2023의 말이다.

Power is wonderful, and absolute power is absolutely wonderful(권력은 경이롭고 절대 권력은 절대적으로 경이롭다).[33] 미국의 기업인 출신 정치인 로스 페로Ross Perot, 1930~2019가 1994년 TV 인터뷰에서 한 말이다.

Power is based upon perception-if you think you've got it then you've got it. If you think you don't have it, even if you've got it, then you don't have it(권력은 지각에 근

거한다. 당신이 권력을 갖고 있다고 생각하면 갖고 있는 것이고, 권력을 갖고 있음에도 갖고 있지 않다고 생각하면 갖고 있지 않은 것이다).[34] 미국의 협상 전문가 허브 코헨Herb Cohen, 1938~이 『협상의 법칙You Can Negotiate Anything』(1980)에서 한 말이다.

Power is a very powerful drug(권력은 매우 강력한 약물이다). 아일랜드 신경심리학자 이언 로버트슨Ian Robertson, 1951~의 말이다. 그는 "권력을 쥐면 사람의 뇌가 바뀐다"고 했다. 도대체 어떤 약물 효과 때문일까? "다른 사람에게 공감하지 않고, 실패에 대해 걱정하지 않고, 터널처럼 아주 좁은 시야를 갖게 하며, 오직 목표 달성이란 열매를 향해서만 돌진하게 된다. 인간을 자기애에 빠지게 하고, 오만하게 만든다. 권력은 모든 상황을 자신이 통제할 수 있다는 환상에 빠지게 한다. 권력은 코카인, 섹스, 돈과 마찬가지로 도파민이라는 공동 통화를 사용한다."[35]

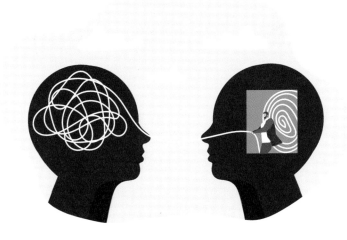

로버트슨은 개코원숭이를 대상으로 한 실험에서 권력감은 코카인과 같은 중독성이 있다는 것을 밝혀냈다. 권력감은 도파민이라는 신경호르몬의 분비를 촉진해 뇌의 중독 중추를 활성화한다는 것이다. 집단의 하위에 있는 개코원숭이는 지위가 올라갈수록 도파민 분비량이 늘었다고 한다. 그럴수록 공격적이고 자신감이 넘치는 쪽으로 변모했다는 것이다. 로버트슨은 "권력이 강할수록 도파민이 많이 분비되고 자신의 정당성을 의심하지 않는 성격이 된다"며 "절대 권력의 속성을 생물학적으로 보여주는 것"이라고 말한다.[36]

샤프 파워sharp power는 군사력·경제력hard power이나 문화의 힘 soft power과는 구별되는 파워로, 회유와 협박은 물론 교묘한 여론 조작 등을 통해 행사하는 영향력을 가리킨다. 소프트 파워가 상대를 설득해 자발적으로 따르도록 하는 것인 반면 샤프 파워는 막대한 음성 자금이나 경제적 영향력, 유인, 매수, 강압 등 탈법적 수법까지 동원해 상대로 하여금 강제로 따르도록 하는 힘이라 할 수 있다.[37]

러시아는 2016년 미국 대선에 개입하면서 샤프 파워를 과시한 바 있다. 미국 정치사회학자 래리 다이아몬드Larry J. Diamond, 1951~는 『불길한 영향: 러시아의 분노, 중국의 야심, 미국의 안주로부터 민주주의 구하기Ill Winds: Saving Democracy from Russian Rage, Chinese Ambition, and American Complacency』(2019)에서 미국을 비롯한 자유민주주의 진영이 중국과 러시아의 샤프 파워를 막지 못하면 민주주의의 미래는 어둡다고 경고했다.[38]

『중앙일보』 베이징 총국장 신경진은 「중국 샤프 파워의 황혼」 (2023년 2월 14일)이라는 칼럼에서 "중국의 샤프 파워Sharp Power가 퇴조하는 분위기다. 중국은 그간 정치·외교 갈등을 경제로 보복하는 샤

프 파워를 즐겼다. 무력을 앞세우는 하드 파워는 사용이 제한되고, 소프트 파워는 취약하다는 이유에서였다"며 다음과 같이 말했다.

　"'차이나 불링China Bullying'으로 불리는 샤프 파워는 타국의 정부와 기업이 미래 행동에서 중국의 이익을 예상하고 존중하며 따르게 하겠다는 장기 목표도 세웠다. 하지만 중국은 최근 샤프 파워 사용을 자제한다. 경제 부진이 배경이다. '제로 코로나' 3년 동안 치른 경제 비용을 만회하고 중진국 함정까지 돌파하려니 보복은 사치가 됐다. 샤프 파워 효과도 감소했다. 게다가 국제사회의 대응은 강화됐다."[39]

자기비판은
민주주의의
비밀 무기다

democracy(민주주의)는 '인민에 의한 지배rule by the people'라는 뜻의 그리스어 dēmokratía에서 나온 말이다. demos(민중)와 kratos(통치)의 합성어라고 보면 되겠다. '엘리트에 의한 지배'의 반대 개념으로 나온 말인데, 영어에선 16세기경부터 사용되었다.[40] 그간 '참여 민주주의participatory democracy'는 민주주의의 이상으로 예찬되기도 했지만, 참여가 과잉이거나 계층·세대·성향별 참여의 불균형이 나타날 경우 많은 부작용이 나타나는 '민주주의의 역설paradox of democracy'에 직면하게 된다.[41]

Man is sent hither not to question, but to work: 'The end of men,' it was long ago written 'is an Action, not a Thought'(인간은 세상에 질문하기 위해서가 아니라, 일하기 위해 보내진 것이다. 즉, 인간의 목표는 오래전에 말해진 것처럼 '사고가 아니라 행동이다').

영국 역사가 토머스 칼라일Thomas Carlyle, 1795~1881의 말이다.

칼라일은 바로 이런 이유 때문에 느려터진 의회를 참아내지 못하고 민주주의를 혐오했다. 그는 심지어 이런 말까지 하기에 이르렀다. Men ought to be thankful to get themselves governed, if it is only done in a strong and resolute way(인간이 강력하고 단호한 방식으로 통치받을 수만 있다면 그에 대해 감사해야 한다).[42]

Democracy means simply the bludgeoning of the people by the people for the people(민주주의는 국민의 국민에 의한 국민을 위한 괴롭힘에 지나지 않는다).[43] 아일랜드 작가 오스카 와일드Oscar Wilde, 1854~1900의 말이다. bludgeon은 "(몽둥이 같은 것으로) 패다, 강요하다"는 뜻이다. They tried to bludgeon me into joining their protest(그들은 나를 자기들 시위에 참여하도록 강요하려

했다).

We can have democracy in this country or we can have great wealth concentrated in the hands of a few, but we can't have both(우리는 소수의 손에 부를 집중시켜줄 수도 있고, 민주주의를 누릴 수도 있다. 하지만 두 가지를 동시에 가질 수는 없다).[44] 미국 연방대법관 루이스 브랜다이스Louis D. Brandeis, 1856~1941의 말이다.

All the ills of democracy can be cured by more democracy(민주주의의 모든 병폐는 더 많은 민주주의에 의해 치유될 수 있다).[45] 1928년 미국 대통령 선거의 민주당 후보였던 앨 스미스Al Smith, 1873~1944의 말이다.

No one pretends that democracy is perfect or all-wise. Indeed, it has been said that democracy is the worst form of government except all those other forms that have been tried from time to time(민주주의가 완벽하다거나 모든 걸 다 안다고 주장하는 사람은 없다. 사실, 그동안 채택되었던 다른 모든 정부 형태를 제외한다면 민주주의는 최악의 정부 형태라는 말까지 나오지 않았던가).[46] 영국 정치가 윈스턴 처칠Winston Churchill, 1874~1965이 1947년 영국 하원 연설에서 한 말이다.

Changing from autocracy to democracy is a process that takes much more time than changing in the opposite direction. Because democracy is something that must

be learned through a process
of voluntary and responsible
participation(독재주의에서 민주주의로
변화하는 것은 그 반대 방향으로 변화하는
것보다 시간이 훨씬 더 많이 걸리는 과정이
다. 왜냐하면 민주주의는 자발적이고 책임
있는 참여의 과정을 통해 배워야 하는 것이기
때문이다).[47] 독일계 미국 심리학자 쿠르트
레빈Kurt Lewin, 1890~1947의 말이다.

The blind lead the blind. It's the
democratic way(맹인이 맹인을 인도하
는 것, 그것이 민주주의적 방식이다).[48] 미국 소설가 헨리 밀러Henry V.
Miller, 1891~1980가 자서전 『냉방된 쾌적한 악몽The Air-Conditioned
Nightmare』(1945)에서 한 말이다. 이 자서전의 제목과 관련, 문학평론
가 김성곤은 다음과 같이 말한다.

"밀러는 미국 중산층의 속물적 근성을 조롱했으며, 그들이 스스
로를 속박하고 있는 청교도적 관습의 굴레를 비웃었던 진정한 자유
주의 작가였다. 그는 1940년대가 되어서야 유럽을 떠나 미국으로 돌
아왔다. 그동안 오래 떠나 있었던 미국을 돌아보기 위해 대륙 횡단 여
행을 하고 돌아온 밀러는 미국을 '냉방된 쾌적한 악몽an air-conditioned
nightmare'이라고 불렀다. 편안하고 안락하지만 무엇인가가 잘못되어
있다는 뜻이었다."[49]

Man's capacity fir justice makes democracy possible,
but man's inclination to injustice makes democracy

necessary(정의를 추구하는 인간의 능력이 민주주의를 가능케 하지만, 불의로 빠지는 인간의 성향이 민주주의를 필요하게 만든다).[50] 미국의 신학자이자 정치학자인 라인홀드 니부어Reinhold Niebuhr, 1892~1971가 『빛의 자식들과 어둠의 자식들』(1944)의 서문에서 한 말이다.

Self-criticism is the secret weapon of democracy(자기비판은 민주주의의 비밀 무기다).[51] 1952년과 1956년 미국 대통령 선거의 민주당 후보였던 아들라이 스티븐슨Adlai E. Stevenson, 1900~1965의 말이다.

Democracy makes possible the reform of institutions without using violence(민주주의는 폭력의 사용 없이 제도 개혁을 가능하게 해준다).[52] 영국 철학자 카를 포퍼Karl Popper, 1902~1994가 『열린 사회와 그 적들The Open Society and Its Enemies』(1945)에서 한 말이다.

Democracy is a festival of mediocrity(민주주의는 평범한 보통 사람들의 축제다).[53] 루마니아 철학자 에밀 시오랑Emil Cioran, 1911~1995의 말이다.

A monarchy requires a virtuous king; a democracy requires a virtuous people(군주제에는 도덕적인 왕이 필요하지만, 민주주의에는 도덕적인 국민이 필요하다).[54] 미국 연방 하원의원 헨리 하이드Henry J. Hyde, 1924~2007의 말이다.

We turn the political process to commodity, an object for enjoyable consumption. Democracy becomes dumb, and we blithely cheer its increasing demise(이제 사람들은 정치판의 의사 결정 과정을 소모품이나 소비재 정도로 취급한다. 민주주의는 둔탁해졌고, 사람들은 정치의 붕괴를 냉소적으로 바라보거나, 아니면 속절없이 킬킬댄다).[55] 미국의 영문학자 에릭 윌슨Eric G. Wilson이 『멜랑콜리 즐기기: 행복의 또 다른 이름』(2008)에서 한 말이다.

백악관은
세계 최상의
감옥이다

president는 라틴어 praesidens(맨 앞에 앉는 사람)에서 나온 말인데, 처음엔 프랑스어로 흘러 들어갔다가 14세기 후반에 영어에 편입되었다. 영어에선 처음엔 '식민지의 총독', 그다음엔 사회조직의 장長, 15세기 중반에는 대학의 학장, 17세기 후반에는 학회의 회장, 18세기 후반에는 회사의 사장으로 뜻이 확장되었다. president가 공화국의 책임자인 대통령으로 처음 사용된 것은 1787년에 작성된 미합중국의 헌법 초안에서였다.[56]

대통령제의 원조 국가답게 미국에는 공휴일로 지정된 대통령의 날이라는 게 있다. 처음엔 초대 대통령 조지 워싱턴George Washington, 1732~1799의 생일 2월 22일을 대통령의 날President's Day로 했다가 분단의 위기를 막아낸 에이브러햄 링컨Abraham Lincoln, 1809~1865 대통령도 포함시키자는 의견이 대두됨에 따라, 링컨의 생일 2월 12일과

위싱턴의 생일 사이 중간 날
짜로 정했다. 1971년에 매년
2월의 세 번째 월요일로 고정
되었으며, 명칭도 대통령들의
날Presidents' Day로 바뀌었다.[57]

president elect는 '대
통령 당선자', presidential
government는 '대통령 책
임제 정부', the presidential
year는 '대통령 선거의 해'를
뜻한다. 격식에 맞는 이미지를
풍기려고 애썼던 제37대 대통
령 리처드 닉슨Richard Nixon,
1913~1994의 백악관에서 최고의 유행어는 'presidential(대통령다
운)'이라는 말이었다고 한다. 당시 한 관계자는 훗날 이렇게 말했다.
"만약 물건이나 장소가 품위 없거나 누군가의 격식에 맞는 이미지를
따라가기 부족하면, 그것은 'presidential'이 아니었다. 그러니까 대
통령의 위신과 격을 유지하려면 돈을 써야 할 때 제대로 써야 한다는
것을 의미했다."[58]

The White House is the finest prison in the world(백
악관은 세계 최상의 감옥이다). 미국 제33대 대통령 해리 트루먼Harry
S. Truman, 1884~1972의 말이다. 그는 이런 말도 남겼다. Being a
president is like riding a tiger. A man has to keep on
riding or he is swallowed(대통령 노릇은 호랑이의 등을 타고 달리는

것과 같다. 잡아 먹히지 않으려면 계속 달려야만 한다).

대통령직을 좋게 말한 대통령은 드물다. 초대 대통령 조지 워싱턴George Washington, 1732~1799은 "대통령이 된다는 건 사형대에 오르는 것", 제3대 대통령 토머스 제퍼슨Thomas Jefferson, 1743~1826은 "화려한 불행", 제7대 대통령 앤드루 잭슨Andrew Jackson, 1767~1845은 "고급 노예 생활", 제8대 대통령 마틴 밴뷰런Martin Van Buren, 1782~1862은 "물러날 때가 가장 행복했다"는 명언을 남겼다.[59]

그럼에도 미국 제16대 대통령 에이브러햄 링컨Abraham Lincoln, 1809~1865이 이름이 없던 젊은 시절부터 주변 친구들에게 입버릇처럼 자주 이렇게 말했다는 게 뜻밖이다. Some day I shall be President(언젠가 나는 대통령이 될 거야).[60]

The President must have not only the courage of his convictions but also the courage to change his

convictions(대통령은 신념을 갖는 용기뿐만 아니라 신념을 바꾸는 용기도 가져야 한다).[61] 『The President as World Leader』(1964)의 저자인 시드니 워런Sidney Warren의 말이다.

A President's authority is not as great as his responsibility(대통령의 권한은 책임만큼 크지 않다).[62] 케네디 백악관의 법률고문이었던 테드 소런슨Ted Sorensen, 1928~2010의 말이다.

In the Presidency it is character that counts above all(대통령직에서 가장 중요한 것은 대통령의 성격이다).[63] 미국 역사학자 데이비드 매컬로프David McCullough, 1933~2022의 말이다.

I shall not seek, and I will not accept, the nomination of my party for another term as your president(나는 다음 임기를 위한 당의 대통령 후보 지명을 수락하지도 도모하지도 않겠다).[64] 1968년 미국 대통령 린든 존슨Lyndon Johnson, 1908~1973의 재선 출마 포기 선언이다. 당시엔 텔레비전이 베트남전쟁 수행에 영향을 미치는 걸 가리켜 '안방 전쟁living room war'이라고 불렀다.[65]

CBS 앵커맨 월터 크롱카이트Walter Cronkite, 1916~2009는 베트남 전선을 시찰하고 돌아온 후 1968년 2월 27일 저녁 뉴스에서 준엄한 목소리로 존슨 행정부의 베트남전쟁 수행은 잘못되었으며 미국에 필요한 건 승리가 아니라 협상이라고 단언했다. 이 뉴스를 보고 있던 존슨은 "이제 모든 것이 끝났다"고 탄식했으며, 한 달 후인 3월 31일 재선 출마 포기 선언을 한 것이다. 이를 두고 어느 평론가는 베트남전쟁이야말로 "앵커맨에 의해 종전이 선포된 최초의 전쟁"이라고 평했다.[66]

Biden: one and done president(바이든: '한 번 하고 된' 대통령). 나이 80세를 넘긴 미국 대통령 조 바이든Joe Biden, 1942~에게 재선 포기 압력을 넣고 있는 사람들이 바이든을 가리켜 부르는 말이다. '한 번one 했으니and 됐다done'는 의미다.[67] 바이든의 고령高齡에 대한 문제 제기가 계속되자, 2023년 9월 백악관은 "요즘 여든 살은 새로운 마흔 살80 is the new 40"이라며 적극적으로 반박하고 나섰다. 노화 극복과 장수 연구가 진전되고 80대에도 활기찬 생활을 이어가는 사람이 늘어나면서 생긴 말인데, 백악관이 이를 인용해 쓴 것이다.[68]

미국의 대통령제를 도입한 한국에선 "대통령제, 이대론 안 된

다"는 주장이 많이 나오고 있다. 정신분석학자 김용신은『심리학, 한국인을 만나다: 우리는 왜 이런 행동을 할까?』(2010)에서 "우리의 권위주의적 문화를 개선하기 위해 우선 '대통령'이라는 칭호를 '국가대표'라는 말로 바꿔보자는 제안을 하고 싶다"며 다음과 같이 말했다.

"우리나라가 정부 수립 후 민주공화제를 도입하면서 대통령이라는 직제를 만들었는데 누가 서양의 '프레지던트President'를 대통령으로 번역했는지 알 길은 없지만 참 잘못된 번역임은 틀림없다. '통령統領'이라는 용어는 본국에서 보낸 식민지 통치자의 성격을 지니고 있다. 거기에 '대大' 자를 하나 더 붙였으니 완전히 제국주의나 전체주의를 연상케 한다. 우리가 그렇게 비판했던 중국이나 북한의 공산당에서도 '주석主席'이라는 용어는 사용해도 '대통령'이라는 용어는 사용하지 않고 있다. 내가 아는 한 이 지구상에는 '프레지던트'를 자국어로 '대통령'이라는 의미로 사용하는 국가는 없다."[69]

추종자가
지도자를
만든다

leader는 원래 '여행하다'는 뜻으로 선사 유럽에서 부족들의 이주 경로를 안내하는 '길잡이'를 뜻하는 단어였다. 선사시대 유럽인은 부족 단위로 양을 방목해서 먹고살았기에 계절이 바뀌거나 양이 뜯어 먹을 풀이 부족해지면 따뜻하고 풀이 많은 곳으로 수시로 이주하며 살아야 했다. 그때는 지도가 없어 옮기려면 지리에 밝은 길잡이가 필요했다. 이에 대해 조승연은 다음과 같이 말한다.

"그래서 원래 '여행하다'를 뜻하던 고대 영어 'lithan'에서 나온 'leader'가 '길잡이'라는 뜻으로 바뀌었다. 유럽의 인구밀도가 높아지면서 새 땅을 찾으면 먼저 터를 잡은 다른 부족과 전쟁을 치러야 하는 경우가 많아졌다. 귀족은 자기 수하의 기사들과 동네 장정을 이끌고 앞장서 이웃 마을로 정복 전쟁을 떠났기 때문에, 귀족을 군대의 길잡이라는 의미로 leader라고 불렀다. '앵글로색슨사록'을 보면

827년 에게버트라는 추장이 '북쪽으로 군대를 lead했다'고 쓰여 있어 당시에는 길잡이와 군대 지휘가 같은 의미였음을 보여준다."[70]

그런 군사적 전통을 이어받겠다는 듯, 미국 메릴랜드주 애너폴리스에 있는 미 해군사관학교에서 회자되는 명언이 있다. The best ship in times of crisis is leadership(위기 상황에서 최고의 배는 리더십이다).[71] leader는 어떤 사람이며 어떤 사람이어야 하는가?

A leader is a dealer in hope(지도자는 희망의 상인이다). 나폴레옹 보나파르트Napoleon Bonaparte, 1769~1821의 말이다.

Here lies a man who knew how to enlist the service of better men than himself(여기, 자신보다 더 우수한 사람을 끌어모을 줄 알았던 사람이 잠들다). 미국의 철강 재벌 앤드루 카네기Andrew Carnegie, 1835~1919의 묘비에 쓰여 있는 말이다. 이와 관련, 『동아일보』

대기자 이기홍은 「보스 아닌 리더의 길… '3만'만 피하면 된다」는 칼럼에서 다음과 같이 말했다.

"보스와 지도자를 구분하는 잣대는 많겠지만 가장 중요한 것은 경청이다. 지도자는 경청하지만 보스는 떠벌린다.……사람을 쓰는 데서도 보스와 리더는 다르다. 보스는 편한 사람, 심복만 쓰지만 리더는 인재를 널리 구한다. 보스는 패거리를 모으지만 지도자는 존경심을 모으는 것이다.……거창한 게 아니라 망하는 리더의 조건인 '3만'만 피하면 된다. '자기 말만, 자기 사람만, 자기만 예외.'"[72]

To do great things is difficult; but to command great things is more difficult(훌륭한 일을 하는 것도 어렵지만 훌륭한 지도자가 되는 것은 더 어렵다).[73] 독일 철학자 프리드리히 빌헬름 니체Friedrich Wilhelm Nietzsche, 1844~1900의 말이다.

The leader works in the open, and the boss in covert. The leader leads, and the boss drives(리더는 공개적으로 일하고 보스는 숨기는 게 많으며, 리더는 앞서서 끌지만 보스는 밀어붙인다). 1901년에서 1909년까지 미국 제26대 대통령을 지낸 시어도어 루

스벨트Theodore Roosevelt, 1858~1919의 말이다.

When you have hire people that are smarter than you are, you prove you are smarter than they are(당신이 당신보다 똑똑한 사람들을 고용한다면, 당신이 그들보다 똑똑하다는 걸 입증하는 것이다).[74] 캐나다의 정치인 로버트 헨리 그랜트Robert Henry Grant, 1860~1930의 말이다. 앞서 감상한 앤드루 카네기의 묘비명처럼 리더십의 핵심은 용인술이라는 걸 말해주는 명언이다. 경영은 어떤 의미에선 '사람 장사'라고 해도 과언이 아니다. 사람을 적재적소에 배치하고 그들이 최상의 능력을 발휘할 수 있게끔 하는 게 리더의 능력이다.

A general is just as good or just as bad as the troops under his command make him(훌륭한 장군은 그 명령을 따르는 병사가 만든다).[75] 미국 군인이자 정치가 더글러스 맥아더Douglas MacArthur, 1880~1964의 말이다.

The real leader has no need to lead; he is content to point the way(참다운 지도자는 리드할 필요가 없는 사람, 방향만 가리키면 되는 사람이다).[76] 미국 소설가 헨리 밀러Henry V. Miller, 1891~1980의

말이다.

The leader has to be practical and a reality, yet must talk the language of the visionary and the idealist(지도자는 현실적이고 현실주의자여야 하지만, 그러면서도 몽상적인 이상주의자의 언어로 말해야 한다).[77] 미국 작가 에릭 호퍼Eric Hoffer, 1902~1983의 말이다.

The only definition of a leader is someone who has followers(리더는 추종자들을 거느리고 있는 사람을 말한다. 이게 리더의 유일한 정의다). 미국 경영학자 피터 드러커Peter Drucker, 1909~2005의 말이다.[78] 리더십의 가장 중요한 요소가 인격character임을 강조하기 위해 자주 인용되는 명언이다.

Even the most visionary leader is faced on occasion with decisions that every manager faces: when to take

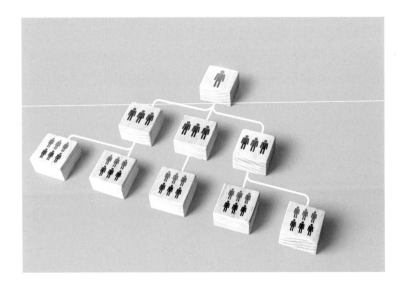

a short-term loss to achieve a long-term gain, how to allocate scarce resources, whom to trust with a delicate assignment. The manager is more tightly linked to an organization than is the leader(가장 비전 중심적인 지도자일지라도 자주 모든 관리자가 직면하는 결정들에서 자유로울 수 없다. 장기적 이익을 위해 언제 단기 손실을 감수할 것인지, 부족한 자원을 어떻게 배분할 것인지. 까다로운 업무를 누구에게 맡길 것인지 등과 같은 결정 말이다. 관리자는 지도자에 비해 더욱 조직과 긴밀히 연결되어 있다는 차이만 있을 뿐이다). 미국의 리더십 전문가 존 가드너John W. Gardner, 1912~2002의 말이다.

To wish is passive; to will is active. Followers wish, leaders will(바라는 것은 수동적이고 하겠다는 것은 능동적이다. 추종자들

은 바라고 지도자들은 해낸다).[79] 미국 제37대 대통령 리처드 닉슨Richard Nixon, 1913~1994이 『지도자들Leaders』(1982)이라는 책에서 한 말이다.

Great leaders require great followers(위대한 추종자가 있어야 위대한 지도자도 가능하다).[80] 미국 정치학자 제임스 번스James M. Burns, 1918~2014의 말이다.

History and theory suggest that followers create leaders rather than the converse(역사와 이론은 지도자가 추종자를 만들기보다는 추종자가 지도자를 만든다는 걸 시사한다).[81] 미국 정치학자 머리 에덜먼Murray Edelman, 1919~2001이 『정치적 스펙터클 만들기 Constructing the Political Spectacle』(1988)라는 책에서 한 말이다. 민주사회에서 지도자는 '정치적 스펙터클(구경거리, 보기 드문 일대 장관)' 현상에 가깝다는 게 그의 주장이다.

Leaders are people who do the right thing; managers are people who do things right. Both roles are crucial, but they differ profoundly(지도자는 옳은 일을 하는 사람이고 관리자는 일을 옳게 하는 사람이다. 두 역할은 모두 중요하지만, 서로 크게 다르다).[82] 미국 리더십 전문가 워런 베니스Warren Bennis, 1925~2014의 말이다.

What is necessary for a leader is astringency. Astringency means telling people what they don't want to hear and leading them where they don't want to go. It's not comforting people about their current situation and reassuring them it will get better. It's telling them that the situation is likely to get worse and that only their efforts can determine how soon it will start getting better(지도자에

게 필요한 건 엄격함이다. 엄격함이란 국민이 듣고 싶어 하지 않는 것을 말하고 국민이 가고 싶어 하지 않는 곳으로 그들을 인도하는 걸 뜻한다. 그것은 국민이 처해 있는 상황에 대해 국민을 위로하는 게 아니며 사정이 나아질 것이라고 그들을 안심시키는 게 아니다. 사정이 더 나빠질 수도 있으며 오직 국민의 노력만이 얼마나 빨리 나아질 수 있을 것인지를 결정할 수 있다고 국민에게 말하는 것이다).[83] 미국을 덮친 금융 위기가 심각한 상황에서 『타임』 칼럼니스트 마이클 킨슬리Michael Kinsley, 1951~가 2008년 10월 27일자 칼럼에서 한 말이다.

제7장

진보 · 종교 · 정치적 올바름 · 각성 · 취소

진보의 원동력은
비이성적인
일탈이다

Liberty is an accurate index, in men and nations, of general progress(자유는 사람과 국가의 일반적인 진보를 잴 수 있는 정확한 지표다).[1] 미국 철학자 랠프 월도 에머슨Ralph Waldo Emerson, 1803~1882의 말이다.

Life is a progress, and not a station(인생은 [계속 나아가는] 전진이지 [움직이지 않는] 역이 아니다).[2] 미국 철학자 랠프 월도 에머슨 Ralph Waldo Emerson, 1803~1882의 말이다.

progress는 '진보'와 더불어 '전진(한다), 진전(하다)'을 뜻한다. She watched his slow progress down the steep slope(그녀는 그가 가파른 경사를 천천히 내려가는 모습을 지켜보았다). The course allows students to progress at their own speed(그 학습 과정은 학생들에게 자기 속도대로 진행을 해나갈

수 있게 해 준다). The line of traffic progressed slowly through the town(늘어선 차량들은 그 도시를 천천히 빠져나갔다).[3]

progressive도 '진보[혁신]적인(↔retrogressive)'과 더불어 '점진적인, 꾸준히 진행되는'이란 뜻을 갖고 있다. progressive schools는 '진보적인 학교들', a progressive reduction in the size of the workforce는 '인력 규모의 점진적인 감소'를 뜻한다. progressive가 명사로 쓰이면 '진보주의자'다. political battles between progressives and conservatives는 '진보주의자들과 보수주의자들 간의 정치 투쟁'을 뜻한다.[4]

The reasonable man adapts himself to the world; the unreasonable one persists in trying to adapt the world to himself. Therefore all progress depends on the unreasonable man(이성적인 사람은 자신을 세상에 적응시킨다. 그러나 비이성적인 사람은 고집스럽게 세상을 자신에게 적응시키려고 애쓴다. 그래서 모든 진보는 비이성적인 사람에게 달려 있다).[5] 아일랜드 작가 조지 버나드 쇼George Bernard Shaw, 1856~1950가 『인간과 초인Man and Superman』(1902)에서 한 말이다. 그는 이런 말도 남겼다. All progress means war with society(모든 진보는 사회와의 전쟁이다).[6]

As usual, what we call 'Progress' is the exchange of one Nuisance for another Nuisance(늘 그렇듯이, 우리가 '진보'라고 부르는 것은 한 골칫거리를 다른 골칫거리로 바꾸는 것이다).[7] 영국의 의사이자 작가인 해블록 엘리스Havelock Ellis, 1859~1939의 말이다.

Change is not always progress. A fever of newness has been everywhere confused with the spirit of progress(변화가 늘 진보인 건 아니다. 새로움을 찾는 열풍이 도처에서 진보의 정신과 혼동되고 있다).[8] 미국의 '자동차 왕' 헨리 포드Henry Ford, 1863~1947의 말이다.

Every advance in civilization has been denounced as unnatural while it was recent(문명의 모든 진보는 그것이 익숙해지기 전까지는 자연법칙에 반하는 걸로 매도되어왔다). 영국 철학자 버트런드 러셀Bertrand Russell, 1872~1970의 말이다. 그는 다음과 같은 명언들도 남겼다. The free intellect is the chief engine of human progress(자유지성은 인류 진보의 주요 엔진이다).[9] The desire to understand the world and the desire to reform it are the two great engines of progress(세상을 이해하려는 욕망과 개혁하려는 욕망이 진보의 두 거대 엔진이다).[10]

Human progress is furthered, not by conformity, but by aberration(인간의 진보는 순응보다는 일탈에 의해 증진되었다).[11] 미국 작가 헨리 루이 맹켄Henry Louis Mencken, 1880~1956의 말이다.

The test of our progress is not whether we add more to the abundance of those who have much; it is whether we provide enough for those who have little(많이 가진 자들의 풍요에 더 보태주느냐 그렇지 않느냐가 아니라 거의 갖지 못한 자들이 일어설 수 있게끔 해주느냐 해주지 못하느냐에 진보의 성패가 달려 있다). 미국 제32대 대통령 프랭클린 델러노 루스벨트Franklin Delano Roosevelt, 1882~1945의 말이다.

The simple faith in progress is not a conviction belonging to strength, but one belonging to acquiescence and hence to weakness(진보에 대한 단순한 믿음은 힘에서 연유하는 확신이 아니라 묵인에서 연유하는 따라서, 나약함에서 연유하는 확신이다).[12] 미국의 수학자이자 컴퓨터과학자인 노버트 위너Norbert Wiener, 1894~1964의 말이다.

All progress has resulted from people who took unpopular positions(모든 진보는 인기가 없는 입장을 취한 사람들 덕분에 가능했다).[13] 1952년과 1956년 미국 대통령 선거의 민주당 후보였던 아들라이 스티븐슨Adlai E. Stevenson, 1900~1965이 1954년 3월 22일 프린스턴대학 연설에서 한 말이다.

Is it progress if a cannibal uses knife and fork(식인종이 칼과 나이프를 쏜다면 그게 진보인가?)[14] 폴란드 시인 스타니스와프 예지 레츠Stanisław Jerzy Lec, 1909~1966의 말이다.

Frozen food is not progress(냉동 음식은 진보가 아니다).[15] 미국 언론인 러셀 베이커Russell Baker, 1925~2019의 말이다.

If you can't fly then run, if you can't run then walk, if you can't walk then crawl, but whatever you do you have to keep moving forward(날지 못하면 뛰고 달리지 못하면 걷고, 걷지 못하면 기어가되 어떻게 하든 앞으로 전진하라).[16] 미국의 흑인 민권운동가 마틴 루서 킹Martin Luther King Jr., 1929~1968의 말이다.

미국 저널리스트 그레그 이스터브룩Gregg Easterbrook, 1953~은 『진보의 역설The Progress Paradox: How Life Gets Better While People Feel Worse』(2004)에서 "우리는 왜 더 잘살게 되었는데도 행복하지 않은 가?"라는 질문을 던지면서, 이를 '진보의 역설progress paradox'이라고 했다.[17]

Finished ought to be an F-word for all of us. We are all works in progress. Each day presents an opportunity to learn more, do more, grow more in our lives and careers('종료'는 우리에게 좋지 않은 단어다. 우리는 모두 현재진행 중이다. 하루하루가 삶과 일에서 더 배우고, 더 일하고, 더 성장할 기회가 된다).[18] 미국 실리콘밸리의 링크드인LinkedIn 창업자 리드 호프먼Reid Hoffman, 1967~의 말이다. F-word는 욕설(fuck을 대신해서 쓰는 말), work in progress는 '진행 중인 일'이란 뜻이다.

신에게는
종교가
없다

Religion is truth to the common people, false to the wise, and useful to the powerful(종교는 일반인에게는 진리고, 현자에게는 거짓이며, 권력자에게는 유용하다).[19] 고대 로마의 스토아학파 철학자 세네카Seneca, B.C.4~A.D.65의 말이다.

All religions must be tolerated, for every man must get to heaven in hiw own way(누구든 자기 나름의 방식으로 천국에 가야 하기 때문에 모든 종교는 용인되어야 한다).[20] 독일 프로이센왕국의 제3대 국왕 프리드리히 2세Frederick Ⅱ, 1712~1786의 말이다.

All religions are founded on the fear of the many and the cleverness of the few(모든 종교는 두려움을 느끼는 다수와 영악한 소수가 만들어낸 것이다).[21] 프랑스 소설가 스탕달Stendhal, 1783~1842의 말이다.

Loss of religion is loss of everything.……Soul is not synonymous with Stomach(종교를 잃는 것은 모든 것을 잃는 것이다.……영혼은 위장과 동의어가 아니다).[22] 영국 역사가 토머스 칼라일 Thomas Carlyle, 1795~1881의 말이다. 영국 공리주의자들의 '쾌락과 고통', '이익과 손실'의 철학에 실망한 나머지 한 말이다.

Religion is the opium of the people(종교는 인민의 아편이다). 독일 사상가이자 경제학자인 카를 마르크스Karl Marx, 1818~1883가 『고타강령 비판Kritik des Gothaer Programms』(1875)에서 한 말이다. opium 대신 opiate를 쓰기도 하는데, opiate는 opium을 한 단계 더 가공한 것으로 보면 되겠다.

Our hope of immortality does not come from any religion, but really all religions come from that hope(불

멸을 향한 우리의 희망은 종교에서 나오는 것이 아니라 오히려 모든 종교가 바로 그런 희망에서 나온다). 미국 정치가 로버트 그린 잉거솔Robert Green Ingersoll, 1833~1899의 말이다. 그는 이런 말도 남겼다. Religion has not civilized man, man has civilized religion(종교가 인간을 문명화시킨 게 아니라 인간이 종교를 문명화시켰다).[23]

'위대한 불가지론자The Great Agnostic'라는 별명을 얻은 잉거솔은 휴머니즘을 예찬하며 종교를 비판해 종교인들 사이에선 악명이 높았지만, 일반 대중은 그의 그런 연설에 열광했다. 당대의 지식인들은 그의 불가지론을 가리켜 Ingersollism이라고 했다.[24] 불가지론不可知論, agnosticism은 몇몇 명제(대부분 신의 존재에 대한 신학적 명제)의 진위 여부를 알 수 없다고 보는 철학적 관점, 또는 사물의 본질은 인간에게 인식 불가능하다는 철학적 관점이다.[25]

Irreligion: The Principal one of the great faiths of the world(무종교: 세상의 온갖 위대한 신앙 중에서도 가장 으뜸가는 신앙).[26] 미국 작가 앰브로즈 비어스Ambrose Bierce, 1842~1914가 『악마의 사전』(1906)에서 내린 정의다. irreligion은 '무종교, 무신앙, 반反종교, 불경不敬'이란 뜻이다.

Going to church doesn't make you a Christian any more than going to a garage makes you an automobile(차

SUNDAY, C. F. Chicago.
COPYRIGHTED BY GOODWIN & CO. 1887.
GOODWIN & CO. New York.

고에 간다고 자동차가 되는 게 아닌 것처럼 교회에 다닌다고 모두 크리스천이 되는 게 아니다). 미국 야구 선수 빌리 선데이Billy Sunday, 1862~1935의 말이다. 그는 20세기 초 미국에서 가장 영향력 있는 복음 전도자이기도 했다.

God has no religion(신에게는 종교가 없다).[27] 인도 지도자 마하트마 간디Mahatma Gandhi, 1869~1948의 말이다. 종교는 인간이 필요성을 느껴 만들어냈다는 주장으로 이해할 수 있겠다.

미국의 개신교 목사이자 자기계발 작가인 노먼 빈센트 필Norman Vincent Peale, 1898~1993은 『적극적 사고방식』(1952)에서 '질병을 치유하는 마음 자세'와 관련해 "최근에 와서 우리는 종교가 오랫동안 병을 치료하는 활동을 수행해왔다는 사실을 간과해버리려고 하는 경향이 있다"며 다음과 같이 말했다.

"'목사pastor'라는 말은 '영혼을 구함. 구령救靈, the cure of soul'이라는 말에서 나왔다.……'신성함holiness'이란 말이 '완전wholeness'

을 뜻하는 말에서 나왔으며, 보통 종교적인 의미로 많이 쓰이는 '명상 meditation'이라는 말과 '약물치료medication'라는 말의 어원이 유사하 다는 것은 의미심장하다."[28]

Religion is not a matter of God, church, holy cause, etc. These are but accessories. The source of religious preoccupation is in the self, or rather the rejection of the self. Dedication is the obverse side of self-rejection. Man alone is a religious animal because, as Montaigne points out, 'it is a malady confined to man, and not seen in any other creature, to hate and despise ourselves'(종교는 신이나 교회, 성스러운 대의의 문제가 아니다. 그것은 단지 액세서리에 지나지 않는다. 종교적 몰입의 근원은 자아에, 아니 그보다는 오히려 자아의 거부에 있다. 헌신 은 자기 거부의 앞면이다. 종교적 동물은 인간밖에 없다. 왜냐하면 몽테뉴도 지 적했듯이 '자기를 증오하고 경멸하는 것은 다른 피조물에서는 볼 수 없는 인간 에 국한된 병'이기 때문이다).[29] 미국 작가 에릭 호퍼Eric Hoffer, 1902~1983 가 『길 위의 철학자』(1983)에서 한 말이다.

What worries me about religion is that it teaches people to be satisfied with not understanding(종교에 대해 내가 염려하는 것은 종교가 사람들에게 이해할 수 없는 것에 만족하라고 가 르치고 있다는 점이다).[30] 영국 생물학자 리처드 도킨스Clinton Richard Dawkins, 1941~의 말이다. 반면 미국의 사회생물학자이자 미래학자인 리베카 코스타Rebecca Costa, 1955~는 "지식과 믿음 간의 균형을 회복 하는 것이 중요하다"며 다음과 같이 주장한다.

"종교적 믿음이 인류에게 폐를 끼쳤다고 주장하는 과학자 겸 무

신론자 리처드 도킨스도, 빈번히 합리적 사고를 방해하는 성직자들도 모두 문명의 진보에 해를 입히고 있다. 이들은 인간이 태곳적부터 데이터와 신성, 둘 모두를 추구한 종이라는 역사적 증거를 간과한 것이다. 양측으로 갈라져 논쟁 중인 이 전문가들은 우리에게 똑같이 소중한 두 명의 자식, 즉 지식과 믿음 중 하나만 고르라고 요구하는 것이나 다름없다."[31]

PC는
'새로운 매카시즘'
인가?

Political Correctness(PC, 정치적 올바름)는 사회적 약자와 소수자에 대한 차별적 언어 사용이나 행위에 저항해 그걸 바로잡으려는 운동 또는 그 철학을 가리키는 말이다. PC는 1990년대부터 미국 정치의 한복판에 들어서 격렬한 논쟁의 대상이 되었는데, 대체적으로 공화당은 반대, 민주당은 찬성하는 입장을 보이면서 '문화 전쟁Culture War'이라는 말을 탄생시킨 주요 동인動因이 되었다. PC라는 용어의 기원엔 여러 설이 있지만, 1960년대 미국 신좌파의 애독서였던 마오쩌둥毛澤東, 1893~1976의 『작은 빨간 책Little Red Book』에 나오는 '올바른 생각 Correct thinking'이라는 개념에서 비롯된 것이라는 설이 유력하다.[32]

진보가 추진한 PC 운동은 1980년대에 미국 각지의 대학을 중심으로 전개됨으로써 성차별적, 인종차별적 표현을 시정하는 데에 큰 성과를 거두었다. 또한 PC 운동은 그간 대학에서 가르쳐온 '위대

한 책들'이니 '걸작'이니 하는 것들이 모두 서구 백인들의 문화유산이었음을 지적하면서 소수 인종 문학 텍스트도 가르치고 배워야 한다고 주장했으며, 그 연장선상에서 소수 인종 교수 채용과 학생 모집, 교과과정 개편을 위해 노력했다. PC 운동은 더 나아가 나이에 대한 차별agcism, 동성연애자들에 대한 차별heterosexism, 외모에 대한 차별lookism, 신체의 능력에 대한 차별ableism 등 모든 종류의 차별에 반대했다. 그러나 1980년대 후반부터 보수파의 반격이 시작되었다.

In the late 1980s conservative commentators began warning of what they described as "the greatest threat to the First Amendment in our history"(Rush Limbaugh), "the equivalent of the Nazi brownshirt thought-control movement"(Walter Williams), and "an ideological virus as deadly as AIDS"(David Horowitz)(1980년대 후반 보수적인 시사 해설자들은 [PC에 대해] "미국의 역사상 [표현의 자유를 보장한] 수정헌법 제1조에 대한 가장 큰 위협"[러시 림보], "나치 돌격대의 사상통제 운동"[월터 윌리엄스], "AIDS만큼 치명적인 이데올로기 바이러스"[데이비드 호로비츠]라고 표현하면서, 이 운동의 위험성을 경고하기 시작했다).³³ 미국 사회학자 배리 글래스너Barry Glassner, 1952~가 『공포의 문화』(1999)에서 한 말이다.

1991년 5월 4일 대통령 조지 H. W. 부시 George Herbert Walker Bush, 1924~2018는 미시간대학의 졸업식 연설의 대부분을 PC 운동을 비난하는 데에 할애함으로써 'PC 운동'을 둘러싼 논란을 격화시켰다. PC 반대자들은 PC 운동가들이 자신들의 운동에 반대하거나 공감하지 않는 사람들에 대해 '인종차별주의자'나 '성차별주의자'라는 딱지를 남용하는 경향이 있다며 그런 행태가 죄 없는 사람을 공산주의자라고 부르는 것과 무엇이 다르냐며 '새로운 매카시즘new McCarthyism'이라고 비난했다.³⁴ PC 운동가들은 '언어 경찰language police', '사상 경찰thought police'로 불리기도 했다.³⁵

PC의 취지는 아름다웠지만, 운동의 방법론은 지나치게 전투적이어서 그 취지를 지지하는 사람들까지 등을 돌리게 만들었다. 민주당 대통령인 빌 클린턴Bill Clinton, 1946~마저 1993년 12월 다음과 같이 말할 정도였다. "The time has come to stop worrying about what you think is politically correct(이제 당신이 생각하는 게 정치적으로 올바른지를 두고 걱정하는 걸 그만둘 때가 되었다)."³⁶ 2018년 예일

대학 조사에선 심층 인터뷰를 한 3,000명 중에서 80퍼센트가 "PC가 문제"라는 부정적인 답변을 했다.[37]

Any writer who follows anyone else's guidelines ought to be in advertising(타인의 지침을 따르는 작가는 광고업계에서 일해야 한다).[38] 작가 냇 헨토프Nat Hentoff, 1925~2017가 PC 시민단체가 작가들에게 사실상 검열을 강요하는 것에 대해 분노하면서 한 말이다.

The rules of the new Thought Police have made comments, criticism, dissent, and even compliments nearly impossible(새로운 '사상 경찰'이 요구하는 규칙에 따르면 코멘트, 비판, 반대, 심지어 칭찬마저 거의 불가능하다).[39] 미국 라디오 진행자 태미 브루스Tammy K. Bruce, 1962~의 말이다.

Political correctness denotes a form of intellectual terrorism in which people who express ideas that are offensive to any group other than white males of European heritage may be punished, regardless of the accuracy or relevance of what they say(PC는 유럽계 혈통을 가진 백인 남성을 제외한 다른 집단을 불쾌하게 만드는 생각을 표현하는 사람들에 대해 그 표현의 정확성 또는 적합성과 무관하게 저지르는 지적 테러리즘의 한 형식이다).[40] 영문학자 조앤 델파토레Joan DelFattore, 1946~의 말이다.

2021년 미국 올랜도의 디즈니랜드는 "숙녀와 신사 여러분, 소년과 소녀 여러분들"이라고 부르는 오래된 불꽃놀이용 인사말을 없앴다. 성 중립을 지향한다는 취지였다. 이런 변화를 주도한 이는 월트 디즈니의 최고다양성책임자CDO, Chief Diversity Officer인 흑인 여성 래

톤드라 뉴턴Latondra Newton이었다. 뉴턴은 2023년 6월 돌연 사표를 내 설왕설래를 낳았다. 그간 디즈니는 〈인어공주〉 실사판 영화에서 '블랙 워싱(흑인 배우가 백인 역할을 맡는 것)'을 하고, 애니메이션에 성적 소수자 캐릭터를 늘려 거센 찬반 논란을 불러일으켰다.

뉴턴뿐만 아니라 다른 기업에서도 기업 내 PC 정책을 추진하는 CDO들이 잇따라 퇴사하는 일이 벌어지고 있었다. 3년 전 경찰 과잉 진압으로 흑인 조지 플로이드George Perry Floyd Jr., 1973~2020가 숨진 사건 이후 기업들은 앞다퉈 CDO 직책을 신설해 기업의 사회적 책임을 강조해왔다. 그래서 S&P500 기업 가운데 CDO를 둔 기업은 2018년에는 절반에 못 미쳤지만, 2022년에는 4개 기업 중 3개 꼴로 늘어났다. 한동안 CDO는 유행처럼 늘어났지만 넷플릭스, 워너브러더스디스커버리를 포함해 여러 기업에서 다양성 책임자가 사임하거나 해고되었다. 『조선일보』(2023년 10월 13일)에 따르면, 잇따른 CDO 사직을 두고 보수층을 중심으로 PC에 염증을 느끼고 공격하는 이들이 늘어난 것이 영향을 미쳤다는 분석이 나왔다.[41] PC를 둘러싼 갈등이 계속되리라는 걸 예고한 셈이다.

왜
'워크'는 '억압적 담론'이라는
비판을 받는가?

영국의 유명 방송 진행자인 피어스 모건Piers Morgan, 1965~은 2020년 '워크woke(정치적으로 깨인 사람)' 문화를 비판하는 『정신 차려Wake Up』라는 책을 출간했다. 그는 이 책에서 워크들이 성차별, 인종차별, 기후 위기와 같은 중요한 정치적·사회적 문제에 대해 자신들의 입장을 강요하고 이에 동의하지 않는 이들에게 심한 언어폭력을 행사하고 있다며 이들의 독선과 위선이 서구 자유주의 사회의 근간인 표현의 자유를 위협하는 지경에 이르렀다고 비판했다.[42]

'워크'는 '캔슬Cancel(취소라는 원래 뜻보다는 지지 철회, 배척, 사회적 매장, 보이콧 등을 의미)'과 더불어 '정치적 올바름political correctness'을 실천하기 위한 문화적 현상이다. 진보는 정치적 올바름을 위해 나선다는 뜻으로 쓰지만, 보수 진영에서는 진보 운동을 폄하하려는 의도로 사용한다. 보수층에선 아예 'awake, not woke'라는 문구를 만

들어 보수 집회에서 쓰고 있다. 깨어 있되 좌파 정치 운동과는 거리를 둔다는 뜻이다. 원래는 깨어 있다wake의 과거분사woken를 도시에 사는 흑인들이 '워크woke'라고 불렀던 것에서 유래했다. woke의 이념을 가리켜 wokeism(워키즘)이라고 하는데, 굳이 번역하자면 '깨어 있자주의'나 '각성주의'라고 할 수 있겠다. 물론 보수의 입장에서 보자면 '깨어 있는 척하기'가 되겠지만 말이다.[43]

'woke capitalism(워크 자본주의)'은 PC를 적극 수용한 기업들의 경영 형태를 비판적으로 일컫는 말이다. 코카콜라, 나이키, 디즈니 등 유력 기업들이 이에 해당한다. 공화당은 일부 자본가들이 '기업도 인종·성별 등 사회적 불평등 문제에 목소리를 내야 한다'는 명분을 내세워 사실상 민주당과 결합한 정치 행위를 한다고 비판하면서 그런 기업들에 "착한 척하지 마라"며 '안티워크anti-woke' 운동을 하고 있다.[44] 기업이 사회적 문제나 가치에 깨어 있는 척하면서 실제로 경영 활동에서는 아무런 행동을 하지 않는 것을 가리켜 '워크 워싱woke washing'이란 말도 나왔다.[45] 보수 진영은 아예 "Go woke, go broke(워크 좋아하다간 파산한다)"라는 슬로건까지 만들어 친親워크 기업들을 압박하고 있다.[46]

미국 리바이스의 최고마케팅책임자CMO 겸 브랜드 총괄대표로 최고경영자CEO 물망에 오르던 제니퍼 세이Jennifer Sey, 1969~가 2022년 2월 갑자기 회사를 그만두더니 11월 사직의 변을 담은 『리바이스 언버튼드 Levi's Unbuttoned』라는 책을 펴냈다. 트럼프 지지자로 몰려 사실상 쫓겨난 것에 대한 항변을 담은 책으로, 부제는 "The Woke Mob Took

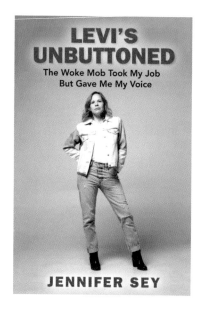

My Job but Gave Me My Voice(워크 패거리가 내 일자리를 빼앗았지만 내 목소리를 내게 해주었다)"였다. 워크 패거리woke mob란 사회 정의에 깨어 있는 척하며 다른 시각을 용납하지 않는 좌파와 그 눈치를 살핀 리바이스 경영진을 가리킨 말이었다.[47]

반면 테슬라 CEO 일론 머스크Elon R. Musk, 1971~는 이른바 '깨어난 정신 바이러스Woke mind virus'가 미국을 병들게 하고 있다고 생각하는 사람이다. 유색인종·성소수자 등 사회적 사안에 대한 '정치적 올바름'을 지키느라 표현의 자유가 억압되고 있다는 것이다. 그가 2022년 10월 전 세계 3억 명 이상이 사용하는 소셜미디어 트위터를 인수한 것도 트위터를 더 포괄적인 'X.com'으로 바꾸고, 그 과정에서 표현의 자유를 보호하는 데 힘쓰겠다는 생각 때문이었다고 한다.

머스크의 전기를 집필한 작가 월터 아이작슨Walter Isaacson, 1952~은 "머스크의 이 같은 생각은 큰아들 자비에르Xavier가 여성으로 성전환을 결정한 것에 큰 영향을 받았다"고 평가했다. 자비에르는 2022년 4월 성별을 여성으로 바꾸고, 이름을 '자비에르 머스크'에서 엄마의 성을 따른 '비비언 제나 윌슨'으로 바꾸며 "내 생물학적 아버지와 어떤 형태로든 연관되고 싶지 않다"고 했다. 머스크는 아이작슨에게 "내 자식이 사회주의를 넘어 완전한 공산주의자가 됐고, 모든 부자를 악하다고 생각하게 됐다"고 토로했다. 좌파적 이념이 자신과 자식 사이를 갈라놓았다며 고통스러워했다는 것이다.[48]

슬로베니아 철학자 슬라보이 지제크Slavoj Zizek, 1949~는 2022년 12월 「윤리적 쇠퇴의 명백한 징후들」이라는 칼럼에서 "워크 좌파는 야만주의에 반대를 선언하고는, 실은 아무렇지도 않게 그 야만에 직접 가담해 자신들의 억압적인 담론을 퍼뜨리고 실천한다"며 이렇게 말했다. "이들은 다원주의와 차이를 지지한다면서도 극단적으로 권위주의적인 주체의 위치에서 발화하며, 논쟁을 허용하지 않고 자의적인 전제에 기반한 배제를 일삼는다. 관용적이고 자유주의적인 사회에서라면 해서는 안 되는 것으로 간주됐을 일들이다."[49]

2023년 11월 영국 보수당 총리 리시 수낵Rishi Sunak, 1980~은 진보 세력과 정면 대결을 서슴지 않기로 유명한, 보수의 여성 아이콘 중 한 명인 에스더 맥베이Esther McVey, 1967~를 무임소 장관에 임명해 화제를 모았다. 맥베이는 'wokery(woke와 관련된 모든 것을 지칭하면서 비하하기 위한 보수의 용어)'와 맞서 싸우는 임무를 맡았다. 『유로뉴스』(2023년 11월 18일)는 이 소식을 전하면서 woke에 대해 다음과 같이 소개했다.

"'woke'의 정의는 누구에게 물어보느냐에 따라 달라진다.……

요즘은 'woke'라는 단어는 불성실이나 '수행적 행동주의performative activism(대의나 헌신보다는 개인적 이익을 위해 선택한 행위)'를 지칭하는 데 주로 사용된다. 또, '의식화 이데올로기woke ideology' 또는 '의식화 어젠다woke agenda'와 같은 문구로도 사용되는데, 보수 진영이 더 극단적인(보통 인종차별적인) 언어를 사용하지 않고도 진보적 가치에 대한 불만을 표출할 때 자기들끼리 주고받는 표현이다."[50]

woke를 둘러싸고 벌어지는 치열한 문화 전쟁은 미국에서도 다를 게 없다. 2023년 11월 30일 연방 상원의원이 점심을 먹다 뭔가가 목에 걸려 숨을 쉬지 못하는 동료 의원을 하임리히 요법으로 구조한 미담이 있었다. 화제의 주인공은 안과 의사이기도 한 공화당 의원(켄터키주) 랜드 폴Rand Paul, 1963~로 같은 당 의원(아이오와주) 조니 에른스트Joni Ernst, 1970~가 곤경에 처한 것을 달려와 구해낸 것이다. 그런데 에른스트가 나중에 소셜미디어에 올린 글의 내용이 씁쓸했다. "민주당이 우리 목구멍에 밀어넣는 깨어남woke 정책들 때문에 질식사할 뻔했다. @랜드폴 박사님 감사!"라고 했다.[51]

독일 철학자 프리드리히 빌헬름 니체Friedrich Wilhelm Nietzsche, 1844~1900의 다음 경고는 워크는 물론 반反워크 운동에도 적절하다고 할 수 있겠다. "괴물과 싸우는 사람은 스스로가 괴물이 되지 않도록 조심해야 한다."[52] 그 어느 쪽이건 지나침은 모자람만 못하다는 과유불급過猶不及의 원리에 충실해야 한다는 건 두말할 나위가 없다 하겠다.

왜 캔슬은
사회적 갈등을
증폭시키는가?

cancel은 "취소(하다), 삭제(하다)"라는 뜻이다. 중세 수도승들은 양피지羊皮紙, sheepskin, parchment에 글을 쓸 때에 실수를 하면 틀린 부분을 비스듬하게 줄을 그었다. 양피지가 워낙 귀해 새로 쓸 수도 없었거니와 지우개도 없었기 때문이다. 그렇게 줄을 그은 것이 격자格子, lattice를 닮았다고 해서 격자의 라틴어인 cancelli라고 불렀다. 프랑스어 동사인 canceler를 거쳐 영어의 cancel이 탄생하게 된 배경이다.[53]

    cancel out은 '상쇄되다, 상쇄하다, 평형을 이루다counterbalance'는 뜻이다. Recent losses have cancelled out any profits made at the start of the year(최근의 손실로 연초에 올린 수익이 상쇄되어버렸다). The pros and cons cancel out(찬성과 반대가 반반이다). Tom's hot temper cancels out his skill as a player(톰의 급한 성격은 선수로서 가진 기술을 소용없게 만든다).[54]

　2018년 즈음부터 영어권 인터넷에서는 'cancel'이라는 말이 유행하기 시작했다. 온라인 군중이 자신들이 보기에 부적절하다고 생각되는 대상을 향해 적극적인 보이콧 운동을 벌여, 대상을 말그대로 '취소'시키는 행위였다. 특히 온라인상에서 사회관계망서비스SNS 팔로우나 구독 등을 끊는 방식으로 이루어졌다. SNS에서 '#cancelxxx'라는 식으로 해시태그를 붙인 글을 집단적으로 생산해 특정 대상을 강력하게 비판하는 '캔슬 운동'이 광범위하게 벌어진결과, 지금은 '캔슬 문화cancel culture'라는 말까지 등장할 정도가 되었다.[55] '캔슬 컬처' 또는 '취소 문화'로 부르기도 한다.

　비슷한 용어로 'call-out culture'가 있다. call out은 "부르다, 호출하다, (옳지 않은 행동을) 만천하에 고발하다"는 뜻이다. 'call-out culture(고발 문화)'는 '캔슬 문화'에 비해 부정적 어감이 덜하다는 점에서 차이가 있다.[56] 미국에서 시작되어 한국을 포함한 세계 각국에서 큰 사회적 반향을 불러일으킨 '미투 운동Me Too movement', 즉

성폭행이나 성희롱을 여론의 힘을 결집해 사회적으로 고발하는 운동을 대표적 사례로 볼 수 있다.

고의적으로 논쟁이 되거나, 선동적이거나, 엉뚱하거나 주제에서 벗어난 내용, 또는 공격적이거나 불쾌한 내용을 공용 인터넷에 올려 사람들의 감정적인 반응을 유발시키고 모임의 생산성을 저하시키는 사람을 가리켜 '트롤러troller'라고 한다. 이들은 캔슬 행위를 하는 캔슬러canceler와 어떻게 다를까? 미국 작가 조너선 라우시Jonathan Rauch는 『지식의 헌법: 왜 우리는 진실을 공유하지 못하는가』(2021)에서 "트롤러가 혼란과 분열을 도모하려 했던 데 반해, 캔슬러는 싸늘하고 강압적인 분위기를 조장하려 들었다"고 했다.[57] 그는 비판과 캔슬의 차이에 대해선 다음과 같이 말했다.

"비판은 대화에 참여하고 오류를 식별하려 한다. 캔슬은 대화에 낙인을 찍고 틀린 사람을 처벌하려 한다. 비판은 진술이 참인지에 신경 쓰고, 캔슬은 그것의 사회적 효과에 신경 쓴다. 비판은 견해의 다양성은 활용하고, 캔슬은 견해의 동조를 강요한다. 비판은 사회적 처벌의 대체물이고(우리는 서로를 죽이는 대신 우리의 가설을 죽인다), 캔슬은 사회적 처벌의 한 형태다(우리는 당신을 사회적으로 죽임으로써 당신의 가설을 죽인다). 비판은 탐구하고 배우려 하면서 지식의 헌법의 가치를 반영한다. 캔슬은 정보 환경을 조작하려 하면서 프로파간다의 가치를 반영한다."[58]

2020년 7월 7일 미국 『하퍼스매거진』에 「정의와 열린 토론에 관한 편지A Letter on Justice and Open Debate」라는 글이 실렸다. 여기에 153명의 저명한 작가와 지식인이 서명했는데, 편지는 최근의 '캔슬 문화'에 문제를 제기하면서 표현의 자유를 옹호하는 내용을 담고 있었다. 그러나 발표되자마자 서명 참여자 대부분이 부유한 백인 지식인들이라는 지적이 나오면서 이 편지는 당시 미국 사회를 뒤흔들고 있던 '흑인의 목숨도 소중하다Black Lives Matter' 시위에 대한 백인 지식인의 '백래시'가 아니냐는 비판이 제기되었다. 사회비평가 박권일은 이 논란을 소개하면서 다음과 같은 원칙을 역설했다.

"같은 이야기라도 누가 하느냐에 따라 의미는 전혀 달라진다. 소수자·약자가 고통을 호소할 때, 우리는 가능한 한 그 말을 과대평가할 필요가 있다. 이 집단의 발언은 구조적으로 억압되기 때문에 작은 비명조차도 차별과 억압이라는 거대한 빙산의 일각일 가능성이 높다. 반면 발언 주체가 기득권층, 강자일 때 우리는 그 말을 가능한 한 과소평가해야 한다. 특권에 익숙한 사람일수록 평등을 고통으로 느끼

기 쉽기 때문이다."[59]

　　2022년 1월 10일 프란체스코Francesco, 1936~ 교황은 교황청에 서 183개국 외교단을 대상으로 한 연설에서 '취소 문화'를 "오늘날 기준에 따라 역사를 부정하거나 다시 쓰려는 단선적 사고", "이념적 식민지화ideological colonization", "표현의 자유를 위한 여지를 남기지 않는다"고 비판했다. 교황은 "취소 문화가 많은 집단과 공공기관에 침입한 결과, (사회적) 의제들이 많은 사람들의 정체성을 이루는 인류 의 자연적·문화적 뿌리를 거부하는 사고방식에 점점 더 좌우된다"며 "다양성을 옹호한다는 미명 아래 모든 정체성을 사라지게 한다"고 말 했다. 교황은 또 "어떤 역사적인 상황도 그 당시의 해석에 따라 해석 돼야 한다"고 강조했다.[60]

슬로베니아 철학자 슬라보이 지제크Slavoj Zizek, 1949~는 2022년 12월 「윤리적 쇠퇴의 명백한 징후들」이라는 칼럼에서 이렇게 말했다. "캔슬 컬처는 성소수자 개인들이 겪는 고통과 비극, 그리고 그들이 항시 노출돼 있는 폭력과 배제를 상쇄하려는 필사적이지만 명백히 자멸적인 시도다. 워크와 캔슬 컬처의 담론적 광신은 문화적 요새로의 후퇴, 가짜 '안전한 공간'으로의 후퇴다. 그것에 대한 다수의 저항을 조금도 건드리지 못하며 오히려 강화할 뿐이다."[61]

작가 임명묵은 2022년 6월 「사회적 합의 영역 좁히고, 갈등 증폭시키는 '캔슬 문화'」라는 칼럼에서 "종합적으로 보았을 때 캔슬 문화와 그에 대한 대응들이 누적되며 한국 사회의 합의 영역은 좁아지고 갈등의 진폭은 커진 모양새다"며 이렇게 말했다. "하지만 온라인기반 소통이 활발해지는 추세가 꺾이지 않는 이상 캔슬은 여전히 문제를 제기하고 여론을 주도하는 강력한 방법론으로 남을 공산이 크다. 게다가 그 영향력은 문화에서 시작해 정치와 사회로 확산되고 있

다. 하지만 그 방법론이 우리 사회를 어디로 이끌고 갈지는 여전히 알 수 없는 상황이다."[62]

2023년 5월 미국 CNN 등이 싱가포르가 세계 최초로 자신과 생각이 다른 사람의 소셜미디어 계정 팔로를 끊는 등의 '캔슬 컬처'를 금지하는 법안을 추진하고 있다고 보도했다. 2022년 8월 영국 식민지 시절 도입된 동성애 차별법을 폐지한 뒤 보수 단체와 종교 단체를 중심으로 "온라인에는 동성애와 성소수자 지지 여론만 넘쳐난다. 이를 반대할 수 있는 '표현의 자유'도 허용해달라"고 주장하자 당국이 이를 받아들인 것이다. 그러자 진보 진영에서는 "21세기에도 태형笞刑이 존재하는 싱가포르에서 캔슬 컬처 금지법이 또 다른 사회 억압 도구가 될 것"이라고 반발했다.[63] 이 갈등이 시사하듯, 앞으로 캔슬 컬처를 둘러싼 논란은 전 세계적으로 빈발할 것이다.

머리말 '성공'이 '인격'마저 결정하는가?

1 Webb Garrison, 『What's in a Word?』(Dallas, TX: Thomas Nelson, 2000), p.37; Phil Cousineau, 『Word Catcher』(Berkeley, CA: Viva, 2010), pp.71~72.

2 Warren G. Bennis & Robert J. Thomas, 『Geeks & Geezers: How Era, Values, and Defining Moments Shape Leaders』(Boston, Mass.: Harvard Business School Press, 2002), p.142.

3 리처드 세넷(Richard Sennett), 조용 옮김, 『신자유주의와 인간성의 파괴』(문예출판사, 1998/2001), 208쪽.

4 배명복, 「외모보다 성격, 성격보다 인성」, 『중앙일보』, 2015년 7월 9일.

5 Warren G. Bennis & Robert J. Thomas, 『Geeks & Geezers: How Era, Values, and Defining Moments Shape Leaders』(Boston, Mass.: Harvard Business School Press, 2002), p.142; 워렌 베니스(Warren G. Bennis)·로버트 토머스(Robert J. Thomas), 신현승 옮김, 『시대와 리더십』(세종연구원, 2002/2003) 215쪽.

6 Thomas A. Harris, 『I'm Ok-You're OK』(New York: Avon Books, 1967/1973), p.21; 토머스 해리스(Thomas A. Harris), 『마음의 해부학: 친밀한 관계를 만드는 소통의 비밀』(21세기북스, 1967/2008), 19쪽.

7   Martin E. P. Seligman, 『Authentic Happiness: Using the New Positive Psychology to Realize Your Potential for Lasting Fulfillment』(New York: Free Press, 2002/2004), p.128; 마틴 셀리그먼(Martin E. P. Seligman), 김인자 옮김, 『긍정 심리학』(물푸레, 2004/2009), 197쪽.

8   David Brooks, 『The Road to Character』(New York: Penguin Books, 2015/2016), p.253; 데이비드 브룩스(David Brooks), 김희정 옮김, 『인간의 품격: 삶은 성공이 아닌 성장의 이야기다』(부키, 2015), 450쪽.

제1장 나이·죽음·부·일·행복

1   탈 벤-샤하르(Tal Ben-Shahar), 노혜숙 옮김, 『완벽의 추구』(위즈덤하우스, 2009/2010), 277쪽; Tal Ben-Shahar, 『The Pursuit of Perfect』(New York: McGraw Hill, 2009), p.209.

2   「Anti-aging movement」, 『Wikipedia』; 「안티에이징」, 『나무위키』.

3   서윤경, 「[기획] '다운 에이징'…나이 마케팅 비밀」, 『국민일보』, 2014년 4월 2일.

4   수지 오바크(Susie Orbach), 김명남 옮김, 『몸에 갇힌 사람들: 불안과 강박을 치유하는 몸의 심리학』(창비, 2009/2011), 217쪽.

5   강경희, 「[만물상] '수퍼 에이징' 세대」, 『조선일보』, 2023년 7월 17일; 김홍수, 「[만물상] 90세 현역들 '수퍼 에이저'」, 『조선일보』, 2023년 12월 6일.

6   안정효, 『안정효의 오역 사전』(열린책들, 2013), 21쪽.

7   임귀열, 「[임귀열 영어] How to ask one's age politely(나이 묻기)」, 『한국일보』, 2011년 4월 19일.

8   A. C. Grayling, 『The Meaning of Things: Applying Philosophy to Life』(London, UK: W&N, 2001/2002), p.202; A. C. 그레일링(A. C. Grayling), 남경태 옮김, 『미덕과 악덕에 관한 철학사전』(에코의서재, 2001/2006), 262쪽.

9   정미경, 「[정미경의 이런영어 저런미국] "지옥은 네가 가라, 난 임기 채운다"는 미국 원로 정치인들」, 『동아일보』, 2023년 8월 26일.

10   A. C. Grayling, 『The Meaning of Things: Applying Philosophy to Life』(London, UK: W&N, 2001/2002), p.201; A. C. 그레일링(A. C.

Grayling), 남경태 옮김, 『미덕과 악덕에 관한 철학사전』(에코의서재, 2001 /2006), 260쪽.

11 정미경, 「[정미경의 이런영어 저런미국] "지옥은 네가 가라, 난 임기 채운다"는 미국 원로 정치인들」, 『동아일보』, 2023년 8월 26일.

12 「row, death row」, 『네이버 영어사전』; 「무미아 아부자말」, 『네이버 지식백과』.

13 대럴 웨스트(Darrell M. West), 홍지수 옮김, 『부자들은 왜 그리고 어떻게 민주주의를 사랑하는가』(원더박스, 2014/2016), 259쪽.

14 A. C. Grayling, 『The Meaning of Things: Applying Philosophy to Life』(London, UK: W&N, 2001/2002), p.31; A. C. 그레일링(A. C. Grayling), 남경태 옮김, 『미덕과 악덕에 관한 철학사전』(에코의서재, 2001 /2006), 49쪽.

15 김태현, 『세상의 통찰: 철학자들의 명언 500』(리텍콘텐츠, 2020), 160쪽.

16 김태현, 『타인의 속마음, 심리학자들의 명언 700』(리텍콘텐츠, 2020), 117쪽.

17 David Brooks, 『The Road to Character』(New York: Penguin Books, 2015/2016), p.129; 데이비드 브룩스(David Brooks), 김희정 옮김, 『인간의 품격: 삶은 성공이 아닌 성장의 이야기다』(부키, 2015), 235쪽.

18 김태현, 『세상의 통찰: 철학자들의 명언 500』(리텍콘텐츠, 2020), 89쪽.

19 Walter Isaacson, 『Steve Jobs』(New York: Simon & Schuster, 2011), p.571; 월터 아이작슨(Walter Isaacson), 안진환 옮김, 『스티브 잡스』(민음사, 2011), 887쪽.

20 리처드 코니프(Richard Conniff), 이상근 옮김, 『부자』(까치, 2002/2003), 58쪽; 「weal」, 『시사영어사/랜덤하우스 영한대사전』(시사영어사, 1991), 2633쪽.

21 레이먼드 윌리엄스(Raymond Williams), 김성기·유리 옮김, 『키워드』(민음사, 1983/2010), 506쪽.

22 레이먼드 윌리엄스(Raymond Williams), 김성기·유리 옮김, 『키워드』(민음사, 1983/2010), 505쪽; 「wealth」, 『시사영어사/랜덤하우스 영한대사전』(시사영어사, 1991), 2633쪽.

23 김태현, 『세상의 통찰: 철학자들의 명언 500』(리텍콘텐츠, 2020), 30쪽.

24 김대균, 「[김대균의 영어산책] 억만장자(billionaire)들의 명언으로 배우는 영어 공부(2)」, 『Korea Herald』, 2023년 11월 3일.

25 Robert I. Fitzhenry, ed., 『The Harper Book of Quotations』(New York: HarperPerennial, 1993), p.462.

26 Robert D. Putnam, 『Bowling Alone: The Collapse of Revival of American Community』(New York: A Touchstone Book, 2000/2001), p.118; 로버트 퍼트넘(Robert D. Putnam), 정승현 옮김, 『나 홀로 볼링: 볼링 얼론-사회적 커뮤니티의 붕괴와 소생』(페이퍼로드, 2000/2009), 193쪽.

27 Donald O. Bolander, ed., 『Instant Quotation Dictionary』(Little Falls, NJ: Career Publishing, 1981), p.274.

28 David Callahan, 『The Cheating Culture: Why More Americans Are Doing Wrong to Get Ahead』(New York: A Harvest Book, 2004), p.111; 데이비드 캘러헌(David Callahan), 강미경 옮김, 『치팅컬처: 거짓과 편법을 부추기는 문화』(서돌, 2004/2008), 141쪽.

29 김대균, 「[김대균의 영어산책] 억만장자(billionaire)들의 명언으로 배우는 영어 공부(2)」, 『Korea Herald』, 2023년 11월 3일.

30 Robert D. Putnam, 『Bowling Alone: The Collapse of Revival of American Community』(New York: A Touchstone Book, 2000/2001), p.117; 로버트 퍼트넘(Robert D. Putnam), 정승현 옮김, 『나 홀로 볼링: 볼링 얼론-사회적 커뮤니티의 붕괴와 소생』(페이퍼로드, 2000/2009), 191쪽.

31 정미경, 「[정미경의 이런영어 저런미국] "너 지금 해고" 미국 CEO의 냉정한 정리해고 방식」, 『동아일보』, 2022년 11월 19일.

32 정미경, 「[정미경의 이런영어 저런미국] 대통령이 가장 두려워하는 배우자의 '이 말'」, 『동아일보』, 2023년 8월 30일.

33 「work」, 『시사영어사/랜덤하우스 영한대사전』(시사영어사, 1991), 2687쪽.

34 파고다학원, 「[Gina-lish](950) Worked up(=angry)」, 『경향신문』, 2013년 9월 6일.

35 「work」, 『시사영어사/랜덤하우스 영한대사전』(시사영어사, 1991), 2686쪽.

36 파고다학원, 「[Gina-lish](1156) Work cut out for」, 『경향신문』, 2014년 7월 1일.

37 Christine Ammer, 『The Facts on File Dictionary of Clichés』(New York: Checkmark Books, 2001), p.85; 『시사영어사/랜덤하우스 영한대

사전』(시사영어사, 1991), 559쪽.

38 Robert I. Fitzhenry, ed., 『The Harper Book of Quotations』(New York: HarperPerennial, 1993), p.486.

39 Robert I. Fitzhenry, ed., 『The Harper Book of Quotations』(New York: HarperPerennial, 1993), p.485.

40 Robert I. Fitzhenry, ed., 『The Harper Book of Quotations』(New York: HarperPerennial, 1993), p.486.

41 토머스 빌로드(Thomas J. Vilord) 엮음, 『Great Words of Great Minds: 성공 명언 1001 영한대역』(쌤앤파커스, 2006/2007), 643쪽.

42 Arianna Huffington, 『On Becoming Fearless』(New York: Little, Brown Co., 2006), p.99; 아리아나 허핑턴(Arianna Huffington), 이현주 옮김, 『담대하라, 나는 자유다』(해냄, 2006/2012), 58쪽.

43 「workism」, 『Wikipedia』.

44 채혜선, 「"결혼·과한 노동·교육열…한국다운 것 변해야 저출산 문제 풀린다"」, 『중앙일보』, 2023년 5월 18일.

45 Tal Ben-Shahar, 『Happier: Learn the Secrets to Daily Joy and Lasting Fulfillment』(New York: McGraw Hill, 2007), p.31; 탈 벤-샤하르(Tal Ben-Shahar), 노혜숙 옮김, 『해피어: 하버드대 행복학 강의』(위즈덤하우스, 2007), 71쪽.

46 임귀열, 「[임귀열 영어] Happiness is an attitude(행복은 마음먹기 나름)」, 『한국일보』, 2013년 7월 10일.

47 Tal Ben-Shahar, 『Happier: Learn the Secrets to Daily Joy and Lasting Fulfillment』(New York: McGraw Hill, 2007), p.32; 탈 벤-샤하르(Tal Ben-Shahar), 노혜숙 옮김, 『해피어: 하버드대 행복학 강의』(위즈덤하우스, 2007), 72쪽.

48 Tal Ben-Shahar, 『Happier: Learn the Secrets to Daily Joy and Lasting Fulfillment』(New York: McGraw Hill, 2007), pp.90~91; 탈 벤-샤하르(Tal Ben-Shahar), 노혜숙 옮김, 『해피어: 하버드대 행복학 강의』(위즈덤하우스, 2007), 159쪽.

49 토머스 빌로드(Thomas J. Vilord) 엮음, 『Great Words of Great Minds: 성공 명언 1001 영한대역』(쌤앤파커스, 2006/2007), 309쪽.

50 Tal Ben-Shahar, 『Happier: Learn the Secrets to Daily Joy and Lasting Fulfillment』(New York: McGraw Hill, 2007), p.41; 탈 벤-샤하르(Tal Ben-Shahar), 노혜숙 옮김, 『해피어: 하버드대 행복학 강의』(위즈덤하우스, 2007), 85쪽.

51 토머스 빌로드(Thomas J. Vilord) 엮음, 『Great Words of Great Minds: 성공 명언 1001 영한대역』(쌤앤파커스, 2006/2007), 168쪽.

52 Ambrose Bierce, 『The Devil's Dictionary』(New York: Bloomsbury, 1906/2008), p.51; 앰브로즈 비어스(Ambrose Bierce), 정시연 옮김, 『악마의 사전』(이른아침, 1906/2005), 235쪽.

53 임귀열, 「[임귀열 영어] Happiness is an attitude(행복은 마음먹기 나름)」, 『한국일보』, 2013년 7월 10일.

54 Tal Ben-Shahar, 『Happier: Learn the Secrets to Daily Joy and Lasting Fulfillment』(New York: McGraw Hill, 2007), p.vii; 탈 벤-샤하르(Tal Ben-Shahar), 노혜숙 옮김, 『해피어: 하버드대 행복학 강의』(위즈덤하우스, 2007), 9쪽.

55 Martin E. P. Seligman, 『Authentic Happiness: Using the New Positive Psychology to Realize Your Potential for Lasting Fulfillment』(New York: Free Press, 2002/2004), p.43; 마틴 셀리그먼(Martin E. P. Seligman), 김인자 옮김, 『긍정 심리학』(물푸레, 2004/2009), 75쪽.

56 Tal Ben-Shahar, 『Happier: Learn the Secrets to Daily Joy and Lasting Fulfillment』(New York: McGraw Hill, 2007), p.65; 탈 벤-샤하르(Tal Ben-Shahar), 노혜숙 옮김, 『해피어: 하버드대 행복학 강의』(위즈덤하우스, 2007), 123쪽.

57 김태현, 『타인의 속마음, 심리학자들의 명언 700』(리텍콘텐츠, 2020), 188쪽.

58 Eric G. Wilson, 『Against Happiness: In Praise of Melancholy』(New York: Sarah Crichton Books, 2008/2009), p.6.

제2장 고객·광고·악·거짓말·정직

1 조승연, 『비즈니스 인문학』(김영사, 2015), 253~260쪽.

2 Nigel Rees, 『Cassell's Dictionary of Word and Phrase Origins』 (London: Cassell, 2002), p.212; Georgia Hole, 『The Real McCoy: The True Stories Behind Our Everyday Phrases』(New York: Oxford University Press, 2005), pp.146~147; 「César Ritz」, 『Wikipedia』.

3 Julia Vitullo-Martin & J. Robert Moskin, 『Executive's Book of Quotations』(New York: Oxford University Press, 1994), p.77.

4 Walter Isaacson, 『Steve Jobs』(New York: Simon & Schuster, 2011), p.567; 월터 아이작슨(Walter Isaacson), 안진환 옮김, 『스티브 잡스』(민음사, 2011), 881쪽.

5 김태현, 『실리콘밸리 천재들의 생각 아포리즘』(리텍콘텐츠, 2023), 18쪽.

6 김태현, 『실리콘밸리 천재들의 생각 아포리즘』(리텍콘텐츠, 2023), 84~87쪽.

7 윤예나, 「[Weekly BIZ] 기자보다 엔지니어를 더 대접해주는 언론…WP는 변했고 독자는 고객이 됐다」, 『조선일보』, 2015년 7월 18일.

8 크리스토퍼 시(Christopher K. Hsee), 양성희 옮김, 『결정적 순간에 써먹는 선택의 기술』(북돋움, 2011), 206쪽; 진 델 베키오(Gene Del Vecchio), 김세중 옮김, 『키즈 마케팅: 아이들의 마음을 사로잡는 브랜드 전략 18가지』(프리미엄북스, 1997/2003), 302~303쪽; 캐슬린 신델(Kathleen Sindell), 안재근 옮김, 『로열티 마케팅』(아침이슬, 2000/2002), 35~36쪽; 강준만, 「왜 '옛 애인'과 '옛 직장'이 그리워질까?: 현상 유지 편향」, 『감정 독재: 세상을 꿰뚫는 50가지 이론』(인물과사상사, 2013), 90~93쪽 참고.

9 정현정, 「삼성 사장단 'IoT 시대 UX 비즈니스' 고민: 연세대 조광수 교수 'UX로 보는 현재와 미래' 강연」, 『지디넷코리아』, 2015년 4월 8일.

10 Chris Anderson, 『The Long Tail: Why the Future of Business Is Selling Less of More』(New York: Hyperion, 2006/2008), p.189; 크리스 앤더슨(Chris Anderson), 이노무브그룹 외 옮김, 『롱테일 경제학』(랜덤하우스, 2006), 345쪽.

11 데이비드 오길비(David Ogilvy), 강두필 옮김, 『나는 광고로 세상을 움직였다: 데이비드 오길비의 비즈니스 철학과 경영 이야기』(다산북스, 2004/2012), 88쪽; David Ogilvy, 『Confessions of an Advertising Man』(New York: Ballantine Books, 1963), p.24.

12 Janet Lowe, 『Google Speaks: Secrets of the World's Greatest

Billionaire Entrepreneurs, Sergey Brin and Larry Page』(Hoboken, NJ: John Wiley & Sons, 2009), p.6; 재닛 로우(Janet Lowe), 배현 옮김, 『구글 파워: 전 세계 선망과 두려움의 기업』(애플트리태일즈, 2009/2010), 11쪽.

13 James B. Twitchel, 『Branded Nation: The Marketing of Megachurch, College Inc., and Museumworld』(New York: Simon & Schuster, 2004/2005), p.68; 제임스 트위첼(James B. Twitchel), 토탈브랜드코리아 옮김, 『대학 교회 박물관의 브랜드 마케팅 스토리』(김앤김북스, 2004/2007), 103쪽.

14 Bruce Barton, 『The Man Nobody Knows: A Discovery of the Real Jesus』(Chicago, IL: Ivan R. Dee, 1925/2000), p.4.

15 Richard M. Fried, 『The Man Everybody Knew: Bruce Barton and the Making of Modern America』(Chicago, IL: Ivan R. Dee, 2005), p.52; 「Madison Avenue」, 『Wikipedia』.

16 Margaret Miner & Hugh Rawson, eds., 『The New International Dictionary of Quotations』, 3rd ed.(New York: A Signet Book, 2000), p.2.

17 Erich Fromm, 『Escape from Freedom』(New York: Avon Books, 1941/1970), p.151.

18 Julia Vitullo-Martin & J. Robert Moskin, 『Executive's Book of Quotations』(New York: Oxford University Press, 1994), p.5.

19 James B. Twitchel, 『Branded Nation: The Marketing of Megachurch, College Inc., and Museumworld』(New York: Simon & Schuster, 2004/2005), p.47; 제임스 트위첼(James B. Twitchel), 토탈브랜드코리아 옮김, 『대학 교회 박물관의 브랜드 마케팅 스토리』(김앤김북스, 2004/2007), 73쪽.

20 James B. Twitchell, 『Lead Us Into Temptation: The Triumph of American Materialism』(New York: Columbia University Press, 1999), p.177; 브렌단 브루스(Brendan Bruce), 김정탁 옮김, 『이미지 파워』(커뮤니케이션북스, 1992/1998), 166~167쪽; 유승철, 「소셜 네트워크 미디어2.0」, 『CHEIL WORLDWIDE』, OCTOBER 2008, 59쪽.

21 Robert W. Fuller, 『Somebodies and Nobodies: Overcoming the

Abuse of Ranks』(Gabriola Island, Canada: New Society Publishers, 2003/2004), p.74; 로버트 풀러(Robert W. Fuller), 안종설 옮김, 『신분의 종말: '특별한 자'와 '아무것도 아닌 자'의 경계를 넘어서』(열대림, 2003/2004), 158쪽.

22 Benjamin R. Barber, 『Jihad vs. McWorld: How Globalism and Tribalism Are Reshaping the World』(New York: Ballantine Books, 1995/1996), p.63; 벤저민 바버(Benjamin R. Barber), 박의경·이진우 옮김, 『지하드 대 맥월드』(문화디자인, 1995/2003), 105, 443쪽; 조용준, 「평화의 복음인가, '이단'의 주술인가」, 『시사저널』, 1994년 3월 10일, 83쪽.

23 김태현, 『타인의 속마음, 심리학자들의 명언 700』(리텍콘텐츠, 2020), 158쪽.

24 로렌 슬레이터(Lauren Slater), 조증열 옮김, 『스키너의 심리상자 열기』(에코의서재, 2004/2005), 70쪽; 「Situationism(psychology)」, 『Wikipedia』; 마이클 셔머(Michael Shermer), 박종성 옮김, 『경제학이 풀지 못한 시장의 비밀』(한국경제신문, 2008/2013), 371쪽; 강준만, 「왜 선량한 네티즌이 '악플 악마'로 변할 수 있는가?: 루시퍼 효과」, 『우리는 왜 이렇게 사는 걸까?: 세상을 꿰뚫는 50가지 이론 2』(인물과사상사, 2014), 265~270쪽 참고.

25 김태현, 『실리콘밸리 천재들의 생각 아포리즘』(리텍콘텐츠, 2023), 47, 61쪽.

26 Janet Lowe, 『Google Speaks: Secrets of the World's Greatest Billionaire Entrepreneurs, Sergey Brin and Larry Page』(Hoboken, NJ: John Wiley & Sons, 2009), p.143; 재닛 로우(Janet Lowe), 배현 옮김, 『구글 파워: 전 세계 선망과 두려움의 기업』(애플트리태일즈, 2009/2010), 166~167쪽.

27 Janet Lowe, 『Google Speaks: Secrets of the World's Greatest Billionaire Entrepreneurs, Sergey Brin and Larry Page』(Hoboken, NJ: John Wiley & Sons, 2009), p.141; 재닛 로우(Janet Lowe), 배현 옮김, 『구글 파워: 전 세계 선망과 두려움의 기업』(애플트리태일즈, 2009/2010), 164쪽.

28 Janet Lowe, 『Google Speaks: Secrets of the World's Greatest Billionaire Entrepreneurs, Sergey Brin and Larry Page』(Hoboken, NJ: John Wiley & Sons, 2009), p.143; 재닛 로우(Janet Lowe), 배현 옮김, 『구글 파워: 전 세계 선망과 두려움의 기업』(애플트리태일즈, 2009/2010),

166쪽.

29 「front」, 『시사영어사/랜덤하우스 영한대사전』(시사영어사, 1991), 902쪽.

30 지영, 「[영어표현] cut some slack 뜻과 유래」, 2022년 4월 30일; https://blog.naver.com/tasteee/222716063113; 「cut a little slack」, 『네이버 영어사전』.

31 재닛 로우(Janet Lowe), 배현 옮김, 『구글 파워: 전 세계 선망과 두려움의 기업』(애플트리태일즈, 2009/2010), 164~167쪽; 존 바텔(John Battelle), 이진원·신윤조 옮김, 『검색으로 세상을 바꾼 구글 스토리』(랜덤하우스중앙, 2005), 228쪽.

32 켄 올레타(Ken Auletta), 김우열 옮김, 『구글드: 우리가 알던 세상의 종말』(타임비즈, 2009/2010), 230쪽.

33 정시행·박순찬, 「구글, 이용자 속이고 위치 정보로 돈 벌어…美서 5160억 원 배상」, 『조선일보』, 2022년 11월 15일.

34 A. C. Grayling, 『The Meaning of Things: Applying Philosophy to Life』(London, UK: W&N, 2001/2002), pp.45~46; A. C. 그레일링(A. C. Grayling), 남경태 옮김, 『미덕과 악덕에 관한 철학사전』(에코의서재, 2001/2006), 66~67쪽.

35 James B. Twitchel, 『Branded Nation: The Marketing of Megachurch, College Inc., and Museumworld』(New York: Simon & Schuster, 2004/2005), p.298; 제임스 트위첼(James B. Twitchel), 토탈브랜드코리아 옮김, 『대학 교회 박물관의 브랜드 마케팅 스토리』(김앤김북스, 2004/2007), 451쪽; Niraj Chokshi, 「That Wasn't Mark Twain: How a Misquotation Is Born」, 『New York Times』, April 26, 2017.

36 Neil Postman, 『Amusing Ourselves to Death: Public Discourse in the Age of Show Business』(New York: Penguin Books, 1985), p.108; 닐 포스트먼(Neil Postman), 홍윤선 옮김, 『죽도록 즐기기』(굿인포메이션, 1985/2009), 171쪽.

37 임귀열, 「[임귀열 영어] Some Funny Presidential Quotes(대통령들의 어록 중에는)」, 『한국일보』, 2013년 4월 24일.

38 Walter Isaacson, 『Steve Jobs』(New York: Simon & Schuster, 2011), p.313; 월터 아이작슨(Walter Isaacson), 안진환 옮김, 『스티브 잡스』(민음

사, 2011), 496~497쪽.

39 김태현, 『타인의 속마음, 심리학자들의 명언 700』(리텍콘텐츠, 2020), 74~75쪽.

40 James Surowiecki, 『The Wisdom of Crowds』(New York: Anchor Books, 2004/2005), p.209; 제임스 서로위키(James Surowiecki), 홍대운·이창근 옮김, 『대중의 지혜: 시장과 사회를 움직이는 힘』(랜덤하우스중앙, 2004/2005), 268쪽.

41 박지영, 『유쾌한 심리학』(파파에, 2003), 248쪽; 사이토 이사무(齊藤勇), 윤성규 옮김, 『자기발견 심리학』(지식여행, 2011), 161~162쪽; 강준만, 「왜 지방정부는 재정 파탄의 지경에 이르렀는가?: 로볼」, 『생각과 착각: 세상을 꿰뚫는 50가지 이론 5』(인물과사상사, 2016), 85~90쪽 참고.

42 에드 캣멀(Ed Catmull), 윤태경 옮김, 『창의성을 지휘하라: 지속가능한 창조와 혁신을 이끄는 힘』(와이즈베리, 2014), 130쪽.

43 정미경, 「[정미경의 이런영어 저런미국] 디즈니, '꿈의 동산'에서 '이념 전쟁터'가 됐다」, 『동아일보』, 2022년 5월 28일.

44 임귀열, 「[임귀열 영어] Some phrases to avoid(피해야 할 표현들)」, 『한국일보』, 2011년 1월 11일.

45 정미경, 「[정미경의 이런영어 저런미국] 마라톤 풀코스를 3시간대에 달린 대통령」, 『동아일보』, 2022년 6월 25일; Christine Ammer, 『The Facts on File Dictionary of Clichés』(New York: Checkmark Books, 2001), pp.188~189.

46 Lewis C. Henry, ed., 『Best Quotations for All Occasions』(New York: Fawcett Premier, 1986), p.206.

47 Donald O. Bolander, ed., 『Instant Quotation Dictionary』(Little Falls, NJ: Career Publishing, 1981), p.139.

48 Donald O. Bolander, ed., 『Instant Quotation Dictionary』(Little Falls, NJ: Career Publishing, 1981), p.139.

49 Robert I. Fitzhenry, ed., 『The Harper Book of Quotations』(New York: HarperPerennial, 1993), p.214.

50 캔더스 퍼트(Candance B. Pert), 김민선 옮김, 『감정의 분자』(시스테마, 1997/2009), 403쪽.

51 「Radical Honesty」, 『Wikipedia』.

52 임귀열, 「[임귀열 영어] Radical Honesty 솔직하게 말하기」, 『한국일보』, 2015년 7월 30일.

제3장 공동체·군중·문화·자유·지식인

1 레이먼드 윌리엄스(Raymond Williams), 김성기·유리 옮김, 『키워드』(민음사, 1983/2010), 106~107쪽.

2 Robert B. Reich, 『The Work of Nations: Preparing Ourselves for 21st-Century Capitalism』(New York: Vintage Books, 1991/1992), pp.276~277; 로버트 라이시(Robert B. Reich), 남경우 외 옮김, 『국가의 일』(까치, 1991/1994), 300~301쪽.

3 Robert D. Putnam, 『Bowling Alone: The Collapse of Revival of American Community』(New York: A Touchstone Book, 2000/2001), pp.351~352; 로버트 퍼트넘(Robert D. Putnam), 정승현 옮김, 『나홀로 볼링: 볼링 얼론-사회적 커뮤니티의 붕괴와 소생』(페이퍼로드, 2000/2009), 584쪽.

4 Robert B. Reich, 『The Work of Nations: Preparing Ourselves for 21st-Century Capitalism』(New York: Vintage Books, 1991/1992), p.277; 로버트 라이시(Robert B. Reich), 남경우 외 옮김, 『국가의 일』(까치, 1991/1994), 301쪽.

5 Jeremy Rifkin, 『The European Dream: How Europe's Vision of the Future Is Quietly Eclipsing the American Dream』(New York: Penguin, 2004/2005), p.155; 제러미 리프킨(Jeremy Rifkin), 이원기 옮김, 『유러피언 드림: 아메리칸 드림의 몰락과 세계의 미래』(민음사, 2004/2005), 202쪽.

6 김태현, 『실리콘밸리 천재들의 생각 아포리즘』(리텍콘텐츠, 2023), 178~180쪽.

7 김태현, 『세상의 통찰: 철학자들의 명언 500』(리텍콘텐츠, 2020), 24쪽.

8 James Surowiecki, 『The Wisdom of Crowds](New York: Anchor Books, 2004/2005), p.xvi; 제임스 서로위키(James Surowiecki), 홍대운·이창근 옮김, 『대중의 지혜: 시장과 사회를 움직이는 힘』(랜덤하우스중앙,

2004/2005), 14쪽.

9   James Surowiecki, 『The Wisdom of Crowds』(New York: Anchor Books, 2004/2005), p.xxii; 제임스 서로위키(James Surowiecki), 홍대운 · 이창근 옮김, 『대중의 지혜: 시장과 사회를 움직이는 힘』(랜덤하우스중앙, 2004/2005), 15쪽. 이는 서로위키가 르봉의 글을 인용부호 속에 넣어 정리한 것이지만, 르봉의 주장으로 간주해도 무방할 것이다.

10 James Surowiecki, 『The Wisdom of Crowds』(New York: Anchor Books, 2004/2005), p.xv; 제임스 서로위키(James Surowiecki), 홍대운 · 이창근 옮김, 『대중의 지혜: 시장과 사회를 움직이는 힘』(랜덤하우스중앙, 2004/2005), 13쪽.

11 Mark Buchanan, 『Nexus: SMALL WORLDS and the Groundbreaking SCIENCE OF NETWORKS』(New York: W. W. Norton & Co., 2002), pp.159~160; 마크 뷰캐넌(Mark Buchanan), 강수정 옮김, 『넥서스: 여섯 개의 고리로 읽는 세상』(세종연구원, 2002/2003), 258쪽.

12 「Crowd surfing」, 『Wikipedia』.

13 Orin Hargraves, ed., 『New Words』(New York: Oxford University Press, 2004), p.66.

14 Chris Anderson, 『The Long Tail: Why the Future of Business Is Selling Less of More』(New York: Hyperion, 2006/2008), p.219; 크리스 앤더슨(Chris Anderson), 이노무브그룹 외 옮김, 『롱테일경제학』(랜덤하우스, 2006), 397~398쪽.

15 「Crowdsourcing」, 『Wikipedia』.

16 「Crowdfunding」, 『Wikipedia』; 「Civic crowdfunding」, 『Wikipedia』.

17 레이먼드 윌리엄스(Raymond Williams), 김성기 · 유리 옮김, 『키워드』(민음사, 1983/2010), 123쪽.

18 조동성 · 김보영, 『21세기 뉴 르네상스 시대의 디자인 혁명』(한스미디어, 2006), 32쪽.

19 Daniel J. Boorstin, 『The Discoverers: A History of Man's Search to Know His World and Himself』(New York: Random House, 1983), p.647; 대니얼 J. 부어스틴(Daniel J. Boorstin), 이성범 옮김, 『발견자들 II』(범양사출판부, 1983/1986), 499쪽.

20 Donald O. Bolander, ed., 『Instant Quotation Dictionary』(Little Falls, NJ: Career Publishing, 1981), p.138.

21 Kalervo Oberg, 「Culture Shock and the Problems of Adjustment to New Cultural Environments」, 『Pracitical Anthropology』, 7(1960), pp.170~179; Stella Ting-Toomey & Leeva C. Chung, 『Understanding Intercultural Communication』(Los Angeles, CA: Roxbury, 2005), p.117.

22 Fred E. Jandt, 『An Introduction to Intercultural Communication: Identities in a Global Community』, 6th ed.(Los Angeles, CA: Sage, 2010), p.293.

23 Daniel Bell, 『The Cultural Contradictions of Capitalism』(New York: Basic Books, 1976), p.44; 대니얼 벨(Daniel Bell), 김진욱 옮김, 『자본주의의 문화적 모순』(문학세계사, 1976/1990), 63쪽.

24 Alan O'Connor ed., 『Raymond Williams on Television: Selected Writings』(London: Routledge, 1989), p.215.

25 김태현, 『타인의 속마음, 심리학자들의 명언 700』(리텍콘텐츠, 2020), 33쪽.

26 하야시 노부유키(林信行), 김정환 옮김, 『스티브 잡스의 명언 50』(스펙트럼북스, 2009/ 2010), 28~29쪽.

27 Walter Isaacson, 『Steve Jobs』(New York: Simon & Schuster, 2011), p.179; 월터 아이작슨(Walter Isaacson), 안진환 옮김, 『스티브 잡스(Steve Jobs)』(민음사, 2011), 297쪽.

28 로버트 파우저, 「언어적 장식으로 전락한 '자유' '민주주의'」, 『한겨레』, 2023년 5월 18일.

29 이사야 벌린(Isaiah Berlin), 박동천 옮김, 『자유론』(아카넷, 2002/2006), 343~344쪽.

30 진태원, 「냉전의 시대, 다원적 가치 옹호한 자유주의」, 『한겨레』, 2014년 5월 19일.

31 애덤 스위프트(Adam Swift), 김비환 옮김, 『정치의 생각: 정의에서 민주주의까지』(개마고원, 2006/2011), 87~88쪽.

32 조승래, 「공화주의 자유론에 대하여」, 『서양사학연구』, 15권(2006년 12월), 121쪽.

33 Margaret Miner & Hugh Rawson, eds., 『The New International Dictionary of Quotations』, 3rd ed.(New York: A Signet Book, 2000), p.159.

34 C. Wright Mills, 『The Power Elite』(New York: Oxford University Press, 1956), p.334; C. W. 밀스(C. Wright Mills), 진덕규 옮김, 『파워엘리트』(한길사, 1956/1979), 432쪽.

35 정미경, 「[정미경의 이런영어 저런미국] 군복 입은 아들의 사진, 이 대통령을 강직하게 만들었다」, 『동아일보』, 2023년 11월 1일.

36 Margaret Miner & Hugh Rawson, eds., 『[The New International Dictionary of Quotations』, 3rd ed.(New York: A Signet Book, 2000), p.158; 김태현, 『타인의 속마음, 심리학자들의 명언 700』(리텍콘텐츠, 2020), 143쪽.

37 Saul Alinsky, 『Rules for Radicals: A Pragmatic Primer for Realistic Radicals』(New York: Vintage Books, 1971/1989), pp.10~11; 솔 알린스키(Saul D. Alinsky), 박순성 · 박지우 옮김, 『급진주의자를 위한 규칙: 현실적 급진주의자를 위한 실천적 입문서』(아르케, 1971/2008), 49~50쪽.

38 김태현, 『세상의 통찰: 철학자들의 명언 500』(리텍콘텐츠, 2020), 89쪽.

39 정미경, 「[정미경의 이런영어 저런미국] 명예의 전당에 오른 미국 대통령들의 명연설」, 『동아일보』, 2022년 6월 4일.

40 레이먼드 윌리엄스(Raymond Williams), 김성기 · 유리 옮김, 『키워드』(민음사, 1983/2010), 252쪽.

41 Mark Buchanan, 『Nexus: SMALL WORLDS and the Groundbreaking SCIENCE OF NETWORKS』(New York: W. W. Norton & Co., 2002), p.156; 마크 뷰캐넌(Mark Buchanan), 강수정 옮김, 『넥서스: 여섯 개의 고리로 읽는 세상』(세종연구원, 2002/2003), 252쪽.

42 김태현, 『세상의 통찰: 철학자들의 명언 500』(리텍콘텐츠, 2020), 79쪽.

43 Bob Dole, 『Great Presidential Wit』(New York: Touchstone, 2001/2002), p.164; 밥 돌(Bob Dole), 김병찬 옮김, 『대통령의 위트: 조지 워싱턴에서 부시까지』(아테네, 2001/2007), 269쪽.

44 김태현, 『타인의 속마음, 심리학자들의 명언 700』(리텍콘텐츠, 2020), 141~142쪽.

45 Pierre Bourdieu and Loic J. D. Wacquant. 『An Invitation to Reflexive Sociology』(Chicago: University of Chicago Press, 1992), pp.185~186.

46 David Brooks, 『Bobos in Paradise: The New Upper Class and How They Got There』(New York: A Touchstone Book, 2000/2001), pp.159~160; 데이비드 브룩스(David Brooks), 형선호 옮김, 『보보스: 디지털 시대의 엘리트』(동방미디어, 2000/2001), 176~177쪽.

47 마크 고베(Marc Gobé), 안장원 옮김, 『감성 디자인 감성 브랜딩 뉴트렌드: 감성 디자인을 통한 인간적 브랜드의 구축』(김앤김북스, 2007/2008), 379쪽.

제4장 용기·목적·경쟁·적·전쟁

1 브레네 브라운(Brené Brown), 서현정 옮김, 『나는 왜 내 편이 아닌가: 나를 괴롭히는 완벽주의 신화로부터 자유로워지는 법』(북하이브, 2007/2012), 24쪽.

2 A. C. Grayling, 『The Meaning of Things: Applying Philosophy to Life』(London, UK: W&N, 2001/2002), p.21.

3 김태현, 『세상의 통찰: 철학자들의 명언 500』(리텍콘텐츠, 2020), 50쪽.

4 https://www.brainyquote.com/quotes/andre_gide_120088.

5 A. C. Grayling, 『The Meaning of Things: Applying Philosophy to Life』(London, UK: W&N, 2001/2002), p.22; A. C. 그레일링(A. C. Grayling), 남경태 옮김, 『미덕과 악덕에 관한 철학사전』(에코의서재, 2001/2006), 39쪽.

6 김태현, 『세상의 통찰: 철학자들의 명언 500』(리텍콘텐츠, 2020), 169쪽.

7 김태현, 『세상의 통찰: 철학자들의 명언 500』(리텍콘텐츠, 2020), 36쪽.

8 김태현, 『타인의 속마음, 심리학자들의 명언 700』(리텍콘텐츠, 2020), 141쪽.

9 김태현, 『세상의 통찰: 철학자들의 명언 500』(리텍콘텐츠, 2020), 91쪽.

10 토머스 빌로드(Thomas J. Vilord) 엮음, 『Great Words of Great Minds: 성공 명언 1001 영한대역』(쌤앤파커스, 2006/2007), 515쪽.

11 「David Letterman」, 『Current Biography』, 63:10(October 2002), p.63.

12 Arianna Huffington, 『On Becoming Fearless』(New York: Little, Brown Co., 2006), p.39; 아리아나 허핑턴(Arianna Huffington), 이현주 옮김, 『담대하라, 나는 자유다』(해냄, 2006/2012), 101쪽.

13 Arianna Huffington, 『On Becoming Fearless』(New York: Little, Brown Co., 2006), p.36; 아리아나 허핑턴(Arianna Huffington), 이현주 옮김, 『담대하라, 나는 자유다』(해냄, 2006/2012), 98~99쪽.

14 토머스 빌로드(Thomas J. Vilord) 엮음, 『Great Words of Great Minds: 성공 명언 1001 영한대역』(쌤앤파커스, 2006/2007), 507쪽.

15 김태현, 『세상의 통찰: 철학자들의 명언 500』(리텍콘텐츠, 2020), 32쪽.

16 Tal Ben-Shahar, 『Happier: Learn the Secrets to Daily Joy and Lasting Fulfillment』(New York: McGraw Hill, 2007), pp.40~41; 탈 벤-샤하르(Tal Ben-Shahar), 노혜숙 옮김, 『해피어: 하버드대 행복학 강의』(위즈덤하우스, 2007), 84쪽.

17 토머스 빌로드(Thomas J. Vilord) 엮음, 『Great Words of Great Minds: 성공 명언 1001 영한대역』(쌤앤파커스, 2006/2007), 210쪽.

18 Saul Alinsky, 『Rules for Radicals: A Pragmatic Primer for Realistic Radicals』(New York: Vintage Books, 1971/1989), p.29; 솔 알린스키(Saul D. Alinsky), 박순성 · 박지우 옮김, 『급진주의자를 위한 규칙: 현실적 급진주의자를 위한 실천적 입문서』(아르케, 1971/2008), 71~72쪽.

19 Diane Sawyer, 「The 2009 TIME 100: HEROES & ICONS Oprah Winfrey」, 『Time』, April 30, 2009, p.68.

20 정미경, 「[정미경의 이런영어 저런미국] 암투병 '블랙 팬서'가 명문대 졸업생에 강조한 이 말」, 『동아일보』, 2023년 4월 29일.

21 김태현, 『타인의 속마음, 심리학자들의 명언 700』(리텍콘텐츠, 2020), 174~175쪽.

22 벤 대트너(Ben Dattner) · 대런 달(Darren Dahl), 홍경탁 옮김, 『비난 게임: 조직의 성공과 실패를 결정짓는 보이지 않는 힘』(북카라반, 2011/2015), 144쪽.

23 무자퍼 셰리프(Muzafer Sherif) 외, 정태연 옮김, 『우리와 그들, 갈등과 협력에 관하여: 로버스 케이브 실험을 통해 본 집단관계의 심리학』(에코리브르, 1961/2012); 김태현, 『타인의 속마음, 심리학자들의 명언 700』(리텍콘텐츠, 2020), 175쪽; 강준만, 「왜 양당 체제의 정당들은 서로 비슷해지는 걸까?: 사

회적 판단 이론」, 『생각과 착각: 세상을 꿰뚫는 50가지 이론 5』(인물과사상사, 2016), 68~73쪽 참고.

24 Janet Lowe, 『Google Speaks: Secrets of the World's Greatest Billionaire Entrepreneurs, Sergey Brin and Larry Page』(Hoboken, NJ: John Wiley & Sons, 2009), p.65; 재닛 로(Janet Lowe), 배현 옮김, 『구글 파워: 전 세계 선망과 두려움의 기업』(애플트리태일즈, 2009/2010), 81쪽.

25 김태현, 『실리콘밸리 천재들의 생각 아포리즘』(리텍콘텐츠, 2023), 37쪽.

26 Peter Thiel & Blake Masters, 『Zero to One: Notes on Startups, or How to Build the Future』(New York: Crown Business, 2014), p.35; 피터 틸(Peter Thiel)·블레이크 매스터스(Blake Masters), 이지연 옮김, 『제로 투 원』(한국경제신문, 2014), 50~51쪽.

27 Peter Thiel & Blake Masters, 『Zero to One: Notes on Startups, or How to Build the Future』(New York: Crown Business, 2014), p.33; 피터 틸(Peter Thiel)·블레이크 매스터스(Blake Masters), 이지연 옮김, 『제로 투 원』(한국경제신문, 2014), 48쪽.

28 안병진, 「트럼프보다 무서운 자가 온다」, 『중앙일보』, 2022년 10월 18일.

29 프랭클린 포어(Franklin Foer), 이승연·박상현 옮김, 『생각을 빼앗긴 세계: 거대 테크 기업들은 어떻게 우리의 생각을 조종하는가』(반비, 2017/2019), 48쪽.

30 노진서, 『영단어, 지식을 삼키다』(이담, 2014), 134~135쪽.

31 임귀열, 「[임귀열 영어] Mercy surpasses justice(관용이 정의보다 낫다)」, 『한국일보』, 2013년 3월 13일.

32 김태현, 『세상의 통찰: 철학자들의 명언 500』(리텍콘텐츠, 2020), 24쪽.

33 임귀열, 「[임귀열 영어] Mercy surpasses justice(관용이 정의보다 낫다)」, 『한국일보』, 2013년 3월 13일.

34 김태현, 『세상의 통찰: 철학자들의 명언 500』(리텍콘텐츠, 2020), 168쪽.

35 Murray Edelman, 『Constructing the Political Spectacle』(Chicago: University of Chicago Press, 1988), p.80.

36 Samuel P. Huntington, 『The Clash of Civilizations and the Remaking of World Order』(New York: Simon & Schuster, 1996), p.20; 새뮤얼 헌팅턴(Samuel P. Huntington), 이희재 옮김, 『문명의 충돌』

(김영사, 1996/1997), 18쪽.

37 Robert D. Putnam, 『Bowling Alone: The Collapse of Revival of American Community』(New York: A Touchstone Book, 2000/ 2001), p.347; 로버트 퍼트넘(Robert D. Putnam), 정승현 옮김, 『나 홀로 볼링: 볼링 얼론-사회적 커뮤니티의 붕괴와 소생』(페이퍼로드, 2000/2009), 577쪽.

38 「Verbatim」, 『Time』, February 9, 2009, p.12.

39 강동철, 「'프레너미(friend+enemy)' 삼성·구글…스마트폰 同志, TV는 敵」, 『조선일보』, 2015년 1월 14일.

40 심서현, 「알맹이 빼고 가십만 남기는 '페북·트위터 깔때기'」, 『중앙일보』, 2015년 5월 2일.

41 임귀열, 「[임귀열 영어] Make love, not war(싸우지 말고 잘 지내라)」, 『한국 일보』, 2014년 9월 17일.

42 A. C. Grayling, 『The Meaning of Things: Applying Philosophy to Life』(London, UK: W&N, 2001/2002), p.176; A. C. 그레일링(A. C. Grayling), 남경태 옮김, 『미덕과 악덕에 관한 철학사전』(에코의서재, 2001/ 2006), 230쪽.

43 임귀열, 「[임귀열 영어] Make love, not war(싸우지 말고 잘 지내라)」, 『한국 일보』, 2014년 9월 17일.

44 James B. Twitchel, 『Branded Nation: The Marketing of Megachurch, College Inc., and Museumworld』(New York: Simon & Schuster, 2004/2005), p.295; 제임스 트위첼(James B. Twitchel), 토 탈브랜드코리아 옮김, 『대학 교회 박물관의 브랜드 마케팅 스토리』(김앤김북 스, 2004/2007), 447쪽.

45 Stephen Eric Bronner, 『Blood in the Sand: Imperial Fantasies, Right-Wing Ambitions, and the Erosion of American Democracy』 (Lexington: The University Press of Kentucky, 2005), pp.167~168.

46 필립 쇼트(Philip Short), 양현수 옮김, 『마오쩌둥: 혁명을 향한 대장정 1』(교 양인, 1999/2019), 38쪽; 필립 쇼트(Philip Short), 양현수 옮김, 『마오쩌둥: 문화혁명의 붉은 황제 2』(교양인, 1999/2019), 29쪽.

47 Samuel P. Huntington, 『The Clash of Civilizations and the

Remaking of World Order』(New York: Simon & Schuster, 1996), p.52; 새뮤얼 헌팅턴(Samuel P. Huntington), 이희재 옮김, 『문명의 충돌』(김영사, 1996/1997), 63쪽.

48 임귀열, 「[임귀열 영어] Make love, not war(싸우지 말고 잘 지내라)」, 『한국일보』, 2014년 9월 17일.

49 A. C. Grayling, 『The Meaning of Things: Applying Philosophy to Life』(London, UK: W&N, 2001/2002), p.177; A. C. 그레일링(A. C. Grayling), 남경태 옮김, 『미덕과 악덕에 관한 철학사전』(에코의서재, 2001/2006), 230쪽.

50 A. C. Grayling, 『The Meaning of Things: Applying Philosophy to Life』(London, UK: W&N, 2001/2002), p.177; A. C. 그레일링(A. C. Grayling), 남경태 옮김, 『미덕과 악덕에 관한 철학사전』(에코의서재, 2001/2006), 230쪽.

51 C. Wright Mills, 『The Power Elite』(New York: Oxford University Press, 1956), p.100; C. W. 밀스(C. Wright Mills), 진덕규 옮김, 『파워엘리트』(한길사, 1956/1979), 142쪽.

52 Warren G. Bennis & Robert J. Thomas, 『Geeks & Geezers: How Era, Values, and Defining Moments Shape Leaders』(Boston, Mass.: Harvard Business School Press, 2002), p.24; 워런 베니스(Warren G. Bennis)·로버트 토머스(Robert J. Thomas), 신현승 옮김, 『시대와 리더십』(세종연구원, 2002/2003) 64쪽.

53 강헌, 「[강헌의 히스토리 인 팝스] [184] 무고한 민간인」, 『조선일보』, 2023년 10월 30일.

제5장 뉴스·저널리즘·언론·TV·미디어

1 조너선 헤이트(Jonathan Haidt), 권오열 옮김, 『행복의 가설』(물푸레, 2006/2010), 65쪽; 니콜라스 디폰조(Nicholas DiFonzo), 곽윤정 옮김, 『루머사회: 솔깃해서 위태로운 소문의 심리학』(흐름출판, 2008/2012), 41쪽; 강준만, 「왜 네거티브 공방은 선거의 본질이 되었는가?: 부정성 편향」, 『감정 동

물: 세상을 꿰뚫는 이론 6』(인물과사상사, 2017), 265~272쪽 참고.

2　Margaret Miner & Hugh Rawson, eds., 『The New International Dictionary of Quotations』, 3rd ed.(New York: A Signet Book, 2000), p.386.

3　Chris Anderson, 『The Long Tail: Why the Future of Business Is Selling Less of More』(New York: Hyperion, 2006/2008), p.188; 크리스 앤더슨(Chris Anderson), 이노무브그룹 외 옮김, 『롱테일 경제학』(랜덤하우스, 2006), 342~343쪽.

4　오태규, 「모이니핸의 경고」, 『한겨레』, 2013년 12월 19일.

5　Neil Postman, 『Amusing Ourselves to Death: Public Discourse in the Age of Show Business』(New York: Penguin Books, 1985), p.105; 닐 포스트먼(Neil Postman), 홍윤선 옮김, 『죽도록 즐기기』(굿인포메이션, 1985/2009), 167쪽.

6　Neil Postman, 『Amusing Ourselves to Death: Public Discourse in the Age of Show Business)』(New York: Penguin Books, 1985), pp. 104~105; 닐 포스트먼(Neil Postman), 홍윤선 옮김, 『죽도록 즐기기』(굿인포메이션, 1985/2009), 166쪽.

7　Paul H. Weaver, 「The President and the Press: The Art of Controlled Access」, 『New York Times Magazine』, 14 October, 1984, pp. 34~37, 71~74, 80~83; Leonard Roy Frank, ed., 『Quotationary』(New York: Random House, 2010), p.545.

8　김태현, 『타인의 속마음, 심리학자들의 명언 700』(리텍콘텐츠, 2020), 56쪽.

9　「Roger Ailes」, 『Wikipedia』.

10　Kerwin Swint, 『Dark Genius: The Influential Career of Legendary Political Operative and Fox News Founder Roger Ailes』(New York: Union Square Press, 2008), p.164.

11　Martin H. Manser, 『Get to the Roots: A Dictionary of Word & Phrase Origins』(New York: Avon Books, 1990), p.124.

12　이상철, 『커뮤니케이션 발달사』(일지사, 1982), 267~276쪽.

13　미첼 스티븐스(Mitchell Stephens), 이광재·이인희 옮김, 『뉴스의 역사』(황금가지, 1997/1999), 425쪽.

14 데니스 브라이언(Denis Brian), 김승욱 옮김, 『퓰리처: 현대 저널리즘의 창시자, 혹은 신문왕』(작가정신, 2001/2002), 492~494쪽; 차배근, 『미국신문사』(서울대학교출판부, 1983), 384~385쪽.

15 Michael Schudson, 『Discovering the News: A Social History of American Newspapers』(New York: Basic Books, 1978), pp.91~106; 마이클 서드슨(Michael Schudson), 「신문의 변모와 발전: 뉴 저널리즘」, 채백 편역, 『세계언론사』(한나래, 1996), 183~198쪽.

16 Margaret Miner & Hugh Rawson, eds., 『The New International Dictionary of Quotations』, 3rd ed.(New York: A Signet Book, 2000), p.386.

17 차배근, 『미국신문사』(서울대학교출판부, 1983), 387쪽.

18 Martin H. Manser, 『Get to the Roots: A Dictionary of Word & Phrase Origins』(New York: Avon Books, 1990), p.124; Donald O. Bolander, ed., 『Instant Quotation Dictionary』(Little Falls, NJ: Career Publishing, 1981), p.160.

19 Leonard Roy Frank, ed., 『Quotationary』(New York: Random House, 2010), p.415.

20 이정환, 『문제 해결 저널리즘』(인물과사상사, 2021), 61쪽.

21 Leonard Roy Frank, ed., 『Quotationary』(New York: Random House, 2010), p.415.

22 Margaret Miner & Hugh Rawson, eds., 『The New International Dictionary of Quotations』, 3rd ed.(New York: A Signet Book, 2000), p.386.

23 Margaret Miner & Hugh Rawson, eds., 『The New International Dictionary of Quotations』, 3rd ed.(New York: A Signet Book, 2000), p.385.

24 William Morris & Mary Morris, 『Morris Dictionary of Word and Phrase Origins』, 2nd ed.(New York: Harper & Row, 1971), p.229.

25 Douglas B. Smith, 『Ever Wonder Why?』(New York: Fawcett Gold Medal, 1991), p.13.

26 「Fourth Estate」, 『Wikipedia』; Margaret Miner & Hugh Rawson, eds.,

『The New International Dictionary of Quotations』, 3rd ed.(New York: A Signet Book, 2000), p.388.

27 Margaret Miner & Hugh Rawson, eds., 『The New International Dictionary of Quotations』, 3rd ed.(New York: A Signet Book, 2000), p.385.

28 Colin M. Jarman, ed., 『The Book of Poisonous Quotes』(Lincolnwood, Il.: Contemporary Books, 1993), p.196.

29 Leonard Roy Frank, ed., 『Quotationary』(New York: Random House, 2010), p.652.

30 Ronald Steel, 『Walter Lippmann and the American Century』(Boston, Mass.: Little, Brown, 1980), p.172.

31 Walter Lippmann, 『Public Opinion』(New York: Free Press, 1922, 1965), p.229.

32 Margaret Miner & Hugh Rawson, eds., 『The New International Dictionary of Quotations』, 3rd ed.(New York: A Signet Book, 2000), p.387.

33 Colin M. Jarman, ed., 『The Book of Poisonous Quotes』(Lincolnwood, Il.: Contemporary Books, 1993), p.200.

34 Colin M. Jarman, ed., 『The Book of Poisonous Quotes』(Lincolnwood, Il.: Contemporary Books, 1993), p.196.

35 얼리샤 C. 셰퍼드(Alicia C. Shepard), 차미례 옮김, 『권력과 싸우는 기자들』(프레시안북, 2007/2009); Les Brown, 『Television: The Business Behind the Box』(New York: Harvest Book, 1971), 131~132쪽.

36 「그레셤의 법칙」, 『행정학사전』(2009); 『네이버 지식백과』.

37 Leonard Roy Frank, ed., 『Quotationary』(New York: Random House, 2010), p.546.

38 Marshall McLuhan, 『Understanding Media: The Extensions of Man』(New York: McGraw-Hill, 1964/1965), p.3; 마셜 맥루언(Marshall McLuhan), 김성기·이한우 옮김, 『미디어의 이해: 인간의 확장』(민음사, 1964/2002), 29쪽.

39 Todd Gitlin, 『Inside Prime Time』(New York: Pantheon Books,

1983), p.31; 토드 기틀린(Todd Gitlin), 남재일 옮김, 『무한 미디어: 미디어 독재와 일상의 종말』(Human & Books, 2002/2006), 303쪽.

40 Todd Gitlin, 『Media Unlimited: How the Torrent of Images and Sounds Overwhelms Our Lives』(New York: Metropolitan Books, 2002), p.16; 토드 기틀린(Todd Gitlin), 남재일 옮김, 『무한 미디어: 미디어 독재와 일상의 종말』(Human & Books, 2002/2006), 33쪽.

41 Douglas Rushkoff, 『Media Virus: Hidden Agendas in Popular Culture』(New York: Ballantine Books, 1994/1996), p.159; 더글러스 러시코프(Douglas Rushkoff), 방재희 옮김, 『미디어 바이러스!』(황금가지, 1994/2002), 187쪽.

42 Clay Shirky, 『Cognitive Surplus: How Technology Makes Consumers into Collaborators』(New York: Penguin Books, 2010), p.6; 클레이 셔키(Clay Shirky), 이충호 옮김, 『많아지면 달라진다: '1조 시간'을 가진 새로운 대중의 탄생』(갤리온, 2010/2011), 15쪽.

43 Dade Hayes & Dawn Chmielewski, 『Binge Times: Inside Hollywood's Furious Billion-Dollar Battle to Take Down Netflix』(New York: William Morrow, 2022), p.138; 데이드 헤이스(Dade Hayes)·돈 흐미엘레프스키(Dawn Chmielewski), 이정민 옮김, 『스트리밍 이후의 세계: 콘텐츠 폭식의 시대 어떻게 승자가 될 것인가』(알키, 2022/2023), 221쪽.

44 Dade Hayes & Dawn Chmielewski, 『Binge Times: Inside Hollywood's Furious Billion-Dollar Battle to Take Down Netflix』(New York: William Morrow, 2022), p.250; 데이드 헤이스(Dade Hayes)·돈 흐미엘레프스키(Dawn Chmielewski), 이정민 옮김, 『스트리밍 이후의 세계: 콘텐츠 폭식의 시대 어떻게 승자가 될 것인가』(알키, 2022/2023), 323쪽.

45 이은영, 「[기자수첩] 넷플릭스의 '콘텐츠 포식' 대항하려면」, 『조선비즈』, 2024년 1월 10일.

46 Marvin Terban, 『Scholastic Dictionary of Idioms』(New York: Scholastic, 1996), p.217.

47 레이먼드 윌리엄스(Raymond Williams), 김성기·유리 옮김, 『키워드』(민음

사, 1983/2010), 308~309쪽.

48 Tony Schwartz, 『Media: The Second God』(New York: Anchor Books, 1981/1983), pp.28~29; 토니 슈와르츠(Tony Schwartz), 심길중 옮김, 『미디어: 제2의 신』(리을, 1981/1994), 65~66쪽.

49 Todd Gitlin, 『Media Unlimited: How the Torrent of Images and Sounds Overwhelms Our Lives』(New York: Metropolitan Books, 2002), p.141; 토드 기틀린(Todd Gitlin), 남재일 옮김, 『무한 미디어: 미디어 독재와 일상의 종말』(Human & Books, 2002/2006), 211~212쪽.

50 Chris Anderson, 『The Long Tail: Why the Future of Business Is Selling Less of More』(New York: Hyperion, 2006/2008), p.37; 크리스 앤더슨(Chris Anderson), 이노무브그룹 외 옮김, 『롱테일 경제학』(랜덤하우스, 2006), 88쪽.

제6장 정치·권력·민주주의·대통령·리더

1 Stephen Eric Bronner, 『Blood in the Sand: Imperial Fantasies, Right-Wing Ambitions, and the Erosion of American Democracy』(Lexington: The University Press of Kentucky, 2005), pp.167~168.

2 Robert I. Fitzhenry, ed., 『The Harper Book of Quotations』(New York: HarperPerennial, 1993), p.358; 필립 쇼트(Philip Short), 양현수 옮김, 『마오쩌둥: 혁명을 향한 대장정 1』(교양인, 1999/2019), 38쪽; 필립 쇼트(Philip Short), 양현수 옮김, 『마오쩌둥: 문화혁명의 붉은 황제 2』(교양인, 1999/2019), 29쪽.

3 Leonard Roy Frank, ed., 『Quotationary』(New York: Random House, 2010), p.617; Margaret Miner & Hugh Rawson, eds., 『The New International Dictionary of Quotations』, 3rd ed.(New York: A Signet Book, 2000), pp.367~368; 에리히 슈빙어(Erich Schwinge), 김삼룡 옮김, 『정치가란 무엇인가?』(유나이티드컨설팅그룹, 1983/1992), 68~69쪽; 마크 뷰캐넌(Mark Buchanan), 김희봉 옮김, 『세상은 생각보다 단순하다: 격변하는 역사를 읽는 새로운 과학』(지호, 2001/2004), 10쪽.

4 Leonard Roy Frank, ed., 『Quotationary』(New York: Random House, 2010), p.618.

5 임귀열, 「[임귀열 영어] Politics is…(정치는 무엇인가)」, 『한국일보』, 2012년 3월 7일.

6 Leonard Roy Frank, ed., 『Quotationary』(New York: Random House, 2010), p.617.

7 Robert I. Fitzhenry, ed., 『The Harper Book of Quotations』(New York: HarperPerennial, 1993), p.355.

8 Kenneth Burke, 『A Grammar of Motives』(New York: Prentice-Hall, 1945), p.393; Murray Edelman, 『Politics as Symbolic Action: Mass Arousal and Quiescence』(Chicago: Markham, 1971), p.17.

9 Leonard Roy Frank, ed., 『Quotationary』(New York: Random House, 2010), p.619.

10 Robert I. Fitzhenry, ed., 『The Harper Book of Quotations』(New York: HarperPerennial, 1993), p.359.

11 Hannah Arendt, 『On Revolution』(New York: Viking, 1963), p.94.

12 Peter Archer, ed., 『Quotable Intellectual』(Avon, MA: Adams Media, 2010), p.89.

13 Margaret Miner & Hugh Rawson, eds., 『The New International Dictionary of Quotations』, 3rd ed.(New York: A Signet Book, 2000), p.371.

14 Neil Postman, 『Amusing Ourselves to Death: Public Discourse in the Age of Show Business』(New York: Penguin Books, 1985), p.125.

15 Richard J. Semiatin, 「Introduction-Campaigns on the Cutting Edge」, Richard J. Semiatin, ed., 『Campaigns on the Cutting Edge』(Washington, D.C.: CQ Press, 2008), p.5.

16 Ernesto Laclau, 『On Populist Reason』(New York: Verso, 2007), p.154.

17 Peter Archer, ed., 『Quotable Intellectual』(Avon, MA: Adams Media, 2010), p.92.

18 Thomas L. Friedman, 『The Lexus and the Olive Tree』(New York:

Anchor Books, 2000), p.76.

19 「Obama, Barack」, 『Current Biography』, 66:7(July 2005), p.54.

20 Leonard Roy Frank, ed., 『Quotationary』(New York: Random House, 2010), p.627.

21 Lewis C. Henry, ed., 『Best Quotations for All Occasions』(New York: Fawcett Premier, 1986), p.359.

22 Leonard Roy Frank, ed., 『Quotationary』(New York: Random House, 2010), p.627.

23 Julia Vitullo-Martin & J. Robert Moskin, 『Executive's Book of Quotations』(New York: Oxford University Press, 1994), p.225.

24 Robert I. Fitzhenry, ed., 『The Harper Book of Quotations』(New York: HarperPerennial, 1993), p.363.

25 Peter Archer, ed., 『Quotable Intellectual』(Avon, MA: Adams Media, 2010), p.140.

26 Peter Archer, ed., 『Quotable Intellectual』(Avon, MA: Adams Media, 2010), p.141.

27 Julia Vitullo-Martin & J. Robert Moskin, 『Executive's Book of Quotations』(New York: Oxford University Press, 1994), pp.225~226.

28 김태현, 『세상의 통찰: 철학자들의 명언 500』(리텍콘텐츠, 2020), 77쪽.

29 Donald O. Bolander, ed., 『Instant Quotation Dictionary』(Little Falls, NJ: Career Publishing, 1981), p.206.

30 김태현, 『타인의 속마음, 심리학자들의 명언 700』(리텍콘텐츠, 2020), 113쪽.

31 Leonard Roy Frank, ed., 『Quotationary』(New York: Random House, 2010), p.627; 해나 아렌트(Hannah Arendt), 김정한 옮김, 『폭력의 세기』(이후, 1970/1999), 74쪽.

32 Leonard Roy Frank, ed., 『Quotationary』(New York: Random House, 2010), p.629.

33 Leonard Roy Frank, ed., 『Quotationary』(New York: Random House, 2010), p.630.

34 Julia Vitullo-Martin & J. Robert Moskin, 『Executive's Book of

Quotations』(New York: Oxford University Press, 1994), p.222.

35 최원석, 「[Weekly BIZ] [7 Questions] "권력 잡으면 腦가 변해…터널처럼 시야 좁아져 獨走할 가능성 커져"」, 『조선일보』, 2014년 7월 5일.

36 이길성, 「남에겐 엄격한 권력, 내 잘못엔 관대…뇌물도 둔감」, 『조선일보』, 2012년 7월 3일; 이언 로버트슨(Ian Robertson), 이경식 옮김, 『승자의 뇌: 뇌는 승리의 쾌감을 기억한다』(알에이치코리아, 2012/2013), 192~207쪽.

37 「샤프 파워」, 『시사상식사전』(지식엔진연구소); 『네이버 지식백과』.

38 신기욱, 『민주주의의 모험: 대립과 분열의 시대를 건너는 법』(인물과사상사, 2023), 90쪽.

39 신경진, 「중국 샤프 파워의 황혼」, 『중앙일보』, 2023년 2월 14일.

40 레이먼드 윌리엄스(Raymond Williams), 김성기·유리 옮김, 『키워드』(민음사, 1983/2010), 133쪽; 「Democracy」, 『Wikipedia』.

41 Bill Bishop, 『The Big Sort: Why the Clustering of Like-Minded America Is Tearing Us Apart』(New York: Mariner Books, 2009), p.292.

42 Daniel J. Boorstin, 『The Seekers: The Story of Man's Continuing Quest to Understand His World)』(New York: Vintage Books, 1998/1999), p.247; 대니얼 부어스틴(Daniel J. Boorstin), 강정인·전재호 옮김, 『탐구자들: 진리를 추구한 사람들의 위대한 역사』(세종서적, 1998/2000), 392쪽.

43 임귀열, 「[임귀열 영어] Politics is…(정치는 무엇인가)」, 『한국일보』, 2012년 3월 7일.

44 Robert I. Fitzhenry, ed., 『The Harper Book of Quotations』(New York: HarperPerennial, 1993), p.463; 도널드 발렛(Donald L. Barlett)·제임스 스틸(James B. Steele), 이찬 옮김, 『국가는 잘사는데 왜 국민은 못사는가』(어마마마, 2012/2014), 314쪽.

45 Leonard Roy Frank, ed., 『Quotationary』(New York: Random House, 2010), p.198.

46 Leonard Roy Frank, ed., 『Quotationary』(New York: Random House, 2010), p.197.

47 김태현, 『타인의 속마음, 심리학자들의 명언 700』(리텍콘텐츠, 2020), 181쪽.

48 Margaret Miner & Hugh Rawson, eds., 『The New International Dictionary of Quotations』, 3rd ed.(New York: A Signet Book, 2000), p.99.

49 김성곤, 「(20) 경직된 청교도주의와 체제에 과감한 도전과 고발… '미국의 정신'이 된 금서들: 미국의 금서들과 헨리 밀러의 '북회귀선'」, 『경향신문』, 2017년 2월 22일.

50 Leonard Roy Frank, ed., 『Quotationary』(New York: Random House, 2010), p.198.

51 Leonard Roy Frank, ed., 『Quotationary』(New York: Random House, 2010), p.198.

52 Leonard Roy Frank, ed., 『Quotationary』(New York: Random House, 2010), p.198.

53 Margaret Miner & Hugh Rawson, eds., 『The New International Dictionary of Quotations』, 3rd ed.(New York: A Signet Book, 2000), p.131.

54 Leonard Roy Frank, ed., 『Quotationary』(New York: Random House, 2010), p.197.

55 Eric G. Wilson, 『Against Happiness: In Praise of Melancholy』(New York: Sarah Crichton Books, 2008), p.20; 에릭 윌슨(Eric G. Wilson), 조우석 옮김, 『멜랑콜리 즐기기: 행복의 또 다른 이름』(세종서적, 2008/2010), 40쪽.

56 김대웅, 『알아두면 잘난 척하기 딱 좋은 영어잡학사전』(노마드, 2018), 82쪽; 노진서, 『영단어, 지식을 삼키다』(이담, 2014), 79~80쪽.

57 이철희, 「대통령과 반(半)통령」, 『경향신문』, 2015년 3월 10일.

58 로널드 케슬러(Ronald Kessler), 임홍빈 옮김, 『벌거벗은 대통령 각하』(문학사상사, 1995/1997), 98~99쪽.

59 Richard E. Neustadt, 『Presidential Power: The Politics of Leadership』(New York: John Wiley & Sons, 1960); 로버트 윌슨(Robert Wilson) 편, 허용범 옮김, 『대통령과 권력』(나남, 1999/2002), 23쪽; 신동욱, 「[신동욱 앵커의 시선] 대한민국 대통령 잔혹사」, 『TV조선』, 2018년 3월 23일.

60 Leonard Roy Frank, ed., 『Quotationary』(New York: Random House, 2010), p.27.

61 Leonard Roy Frank, ed., 『Quotationary』(New York: Random House, 2010), p.646.

62 Leonard Roy Frank, ed., 『Quotationary』(New York: Random House, 2010), p.645.

63 Leonard Roy Frank, ed., 『Quotationary』(New York: Random House, 2010), p.644.

64 정미경, 「[정미경의 이런영어 저런미국] 바이든이 "메이드 인 아메리카" 외친 까닭은」, 『동아일보』, 2022년 10월 1일.

65 Michael J. Arlen, 『Living Room War』(New York: Penguin Books, 1969).

66 「Cronkite Takes a Stand」, 『Newsweek』, March 11, 1968, p.108; Michael Novak, 「The Election of Anchormen」, 『National Review』, September 18, 1981, p.1082.

67 정미경, 「[정미경의 이런영어 저런미국] 바이든이 "메이드 인 아메리카" 외친 까닭은」, 『동아일보』, 2022년 10월 1일.

68 김진명, 「바이든 고령 공격에…백악관 "요즘 여든은 마흔"」, 『조선일보』, 2023년 9월 18일.

69 김용신, 『심리학, 한국인을 만나다: 우리는 왜 이런 행동을 할까?』(시담, 2010), 44~45쪽.

70 조승연, 「[Weekly BIZ] [인문학으로 배우는 비즈니스 영어] leader」, 『조선일보』, 2013년 7월 20일.

71 배명복, 「위기 상황에서 최고의 배(ship)는 리더십이다」, 『중앙일보』, 2012년 9월 29일.

72 이기홍, 「보스 아닌 리더의 길…'3만'만 피하면 된다」, 『동아일보』, 2022년 9월 16일.

73 임귀열, 「[임귀열 영어] Being a Leader(지도자)」, 『한국일보』, 2013년 1월 30일.

74 https://quotefancy.com/robert-henry-grant-quotes

75 임귀열, 「[임귀열 영어] Being a Leader(지도자)」, 『한국일보』, 2013년 1월

30일.

76 임귀열, 「[임귀열 영어] Being a Leader(지도자)」, 『한국일보』, 2013년 1월 30일.

77 김태현, 『타인의 속마음, 심리학자들의 명언 700』(리텍콘텐츠, 2020), 314쪽.

78 Philip K. Howard, 『Life Without Lawyers: Liberating Americans form Too Much Law』(New York: W. W. Norton & Co., 2009), p.189.

79 Bruce Miroff, 『Icons of Democracy: American Leaders as Heroes, Aristocrats, Dissenters, & Democrats』(Lawrence: University Press of Kansas, 1993/2000), p.1.

80 Michael A. Genovese, 『The Presidential Dilemma: Leadership in the American System』, 2nd ed.(New York: Longman, 2003), p.59.

81 Murray Edelman, 『Constructing the Political Spectacle』(Chicago: University of Chicago Press, 1988).

82 Warren Bennis & Burt Nanus, 『Leaders: Strategies for Taking Charge』, 2nd ed.(New York: HarperBusiness, 1997).

83 Michael Kinsley, 「The Leader America Deserves」, 『Time』, October 27, 2008, p.56.

제7장 진보·종교·정치적 올바름·각성·취소

1 Leonard Roy Frank, ed., 『Quotationary』(New York: Random House, 2010), p.663.

2 Leonard Roy Frank, ed., 『Quotationary』(New York: Random House, 2010), p.455.

3 「progress」, 『네이버 영어사전』.

4 「progressive」, 『네이버 영어사전』.

5 필 로젠츠바이크(Phil Rosenzweig), 김상겸 옮김, 『올바른 결정은 어떻게 하는가: 모두를 살리는 선택의 비밀』(엘도라도, 2014), 172쪽.

6 Margaret Miner & Hugh Rawson, eds., 『The New International Dictionary of Quotations』, 3rd ed.(New York: A Signet Book, 2000),

p.394.

7   Leonard Roy Frank, ed., 『Quotationary』(New York: Random House, 2010), p.663.

8   Leonard Roy Frank, ed., 『Quotationary』(New York: Random House, 2010), p.663.

9   Leonard Roy Frank, ed., 『Quotationary』(New York: Random House, 2010), p.664.

10 Margaret Miner & Hugh Rawson, eds., 『The New International Dictionary of Quotations』, 3rd ed.(New York: A Signet Book, 2000), p.394.

11 Margaret Miner & Hugh Rawson, eds., 『The New International Dictionary of Quotations』, 3rd ed.(New York: A Signet Book, 2000), p.394.

12 Nicholas Carr, 『Big Switch: Rewiring the World, from Edison to Google』(New York: W. W. Norton & Co., 2008), p.125; 니콜라스 카(Nicholas Carr), 임종기 옮김, 『빅스위치: Web2.0시대, 거대한 변환이 시작된다』(동아시아, 2008), 176쪽.

13 Leonard Roy Frank, ed., 『Quotationary』(New York: Random House, 2010), p.665.

14 Leonard Roy Frank, ed., 『Quotationary』(New York: Random House, 2010), p.664.

15 Leonard Roy Frank, ed., 『Quotationary』(New York: Random House, 2010), p.662.

16 임귀열, 「임귀열 영어」, 『한국일보』, 2010년 7월 21일.

17 그레그 이스터브룩(Gregg Easterbrook), 박정숙 옮김, 『우리는 왜 더 잘살게 되었는데도 행복하지 않은가: 진보의 역설』(에코리브르, 2004/2007).

18 김태현, 『실리콘밸리 천재들의 생각 아포리즘』(리텍콘텐츠, 2023), 279~280쪽.

19 김태현, 『세상의 통찰: 철학자들의 명언 500』(리텍콘텐츠, 2020), 32쪽.

20 Donald O. Bolander, ed., 『Instant Quotation Dictionary』(Little Falls, NJ: Career Publishing, 1981), p.223.

21 임귀열, 「[임귀열 영어] Quotes about Religion(종교에 대한 어록)」, 『한국

일보』, 2012년 8월 15일.

22 Daniel J. Boorstin, 『The Seekers: The Story of Man's Continuing Quest to Understand His World)』(New York: Vintage Books, 1998 /1999), p.249; 대니얼 부어스틴(Daniel J. Boorstin), 강정인·전재호 옮김, 『탐구자들: 진리를 추구한 사람들의 위대한 역사』(세종서적, 1998/2000), 395쪽.

23 Donald O. Bolander, ed., 『Instant Quotation Dictionary』(Little Falls, NJ: Career Publishing, 1981), p.223.

24 「Robert G. Ingersoll」, 『Wikipedia』.

25 「불가지론」, 『위키백과』.

26 Ambrose Bierce, 『The Devil's Dictionary』(New York: Bloomsbury, 1906/2008), p.67; 앰브로즈 비어스(Ambrose Bierce), 정시연 옮김, 『악마의 사전』(이른아침, 1906/2005), 75쪽.

27 임귀열, 「[임귀열 영어] Quotes about Religion(종교에 대한 어록)」, 『한국일보』, 2012년 8월 15일.

28 노먼 빈센트 필(Norman Vincent Peale), 이갑만 옮김, 『적극적 사고방식』(세종서적, 1952/2011), 247쪽.

29 에릭 호퍼(Eric Hoffer), 방대수 옮김, 『길 위의 철학자』(이다미디어, 1983/ 2014), 139쪽.

30 김형근, 『행복한 과학자의 영어 노트』(인물과사상사, 2011), 175쪽.

31 리베카 코스타(Rebecca Costa), 장세현 옮김, 『지금, 경계선에서: 오래된 믿음에 대한 낯선 성찰』(쌤앤파커스, 2010/2011), 309~313쪽.

32 Stephanie Suhr & Sally Johnson, 「Re-visiting 'PC': Introduction to Special Issue on 'Political Correctness'」, 『Discourse & Society』, 14:1(Jan 2003), pp.5~16; Moira Weigel, 「Political correctness: how the right invented a phantom enemy」, 『The Guardian』, November 30, 2016.

33 Barry Glassner, 『The Culture of Fear: Why Americans Are Afraid of the Wrong Things』(New York: Basic Books, 1999), p.10; 배리 글래스너(Barry Glassner), 연진희 옮김, 『공포의 문화』(부광, 1999/2005), 45쪽.

34 Marcy Darnovsky, Barbara Epstein & Richard Flacks, eds., 『Cultural

Politics and Social Movements』(Philadelphia: Temple University Press, 1995), p.6

35 Dinesh D'Souza, 『Illiberal Education: The Politics of Race and Sex on Campus』(New York: The Free Press, 1991); Tammy Bruce, 『The New Thought Police: Inside the Left's Assault on Free Speech and Free Minds』(New York: Forum, 2001); Diane Ravitch, 『The Language Police: How Pressure Groups Restrict What Students Learn』(New York: Alfred A. Knopf, 2003).

36 John K. Wilson, 『The Myth of Political Correctness: The Conservative Attack on Higher Education』(Durham: Duke University Press, 1995), p.7.

37 Elizabeth Bruenig, 「The left and the right cry out for civility, but maybe that's asking for too much」, 『Washington Post』, October 17, 2018.

38 Diane Ravitch, 『The Language Police: How Pressure Groups Restrict What Students Learn』(New York: Alfred A. Knopf, 2003), p.79.

39 Tammy Bruce, 『The New Thought Police: Inside the Left's Assault on Free Speech and Free Minds』(New York: Forum, 2001), p.6.

40 Diane Ravitch, 『The Language Police: How Pressure Groups Restrict What Students Learn』(New York: Alfred A. Knopf, 2003), pp.79~80.

41 성유진, 「美 기업에서 CDO가 사표를 낸다, 왜?: 기업의 '정치적 올바름(PC)' 추구, 이제는 시들해져」, 『조선일보』, 2023년 10월 13일.

42 전희상, 「비록 정치적으로 올바른 발언을 한다 해도…위선과 독선은 불편하다」, 『경향신문』, 2021년 6월 12일.

43 고경석, 「'나만 옳다'는 PC함의 지겨움」, 『한국일보』, 2021년 10월 1일; 박종세, 「[만물상] 'woke'는 또 뭐지?」, 『조선일보』, 2023년 4월 5일; 「Woke」, 『Wikipedia』.

44 이홍구, 「착한 자본주의와 정치적 올바름」, 『경남일보』, 2022년 6월 19일; 「Woke capitalism」, 『Wikipedia』.

45 김상철, 「기업의 사회적 책임을 다시 생각한다」, 『시사저널』, 2022년 11월 20일.

46 「Go woke, go broke」, 『Wikipedia』.

47 남윤호, 「'Woke' 프레임에…자본가들이 좌파 된 세상」, 『중앙일보』, 2022년 12월 13일.

48 오로라, 「'아들 성전환'에 충격받고, 트위터 사버린 머스크」, 『조선일보』, 2023년 9월 2일.

49 슬라보이 지제크, 「윤리적 쇠퇴의 명백한 징후들」, 『한겨레』, 2022년 12월 26일.

50 최석진, 「[월드 투데이] 영국 개각에서 새로 임명된 무임소 장관의 '이념 전쟁'」, 『위키리크스한국』, 2023년 11월 19일.

51 임병선, 「미국 상원의원, 기도 질식할 뻔한 동료 여 의원 뒤에서 껴안고 하임리히 요법」, 『서울신문』, 2023년 12월 1일.

52 A. C. 그레일링(A. C. Grayling), 남경태 옮김, 『존재의 이유: 강단 밖으로 나온 철학자, 길 위에서 길을 묻다』(사회평론, 2002/2003), 198쪽.

53 Charles Earle Funk, 『Thereby Hangs a Tale: Stories of Curious Word Origins』(New York: Quill, 2002), pp.58~59.

54 Adam Makkai, 『A Dictionary of American Idioms』, 4th ed.(Hauppauge, NY: Barron's, 2004), p.45; 『시사영어사/랜덤하우스 영한대사전』(시사영어사, 1991), 338쪽; 「cancel out」, 『네이버 영어사전』.

55 임명묵, 「사회적 합의 영역 좁히고, 갈등 증폭시키는 '캔슬 문화'」, 『시사저널』, 2022년 6월 29일.

56 「Cancel culture」, 『Wikipedia』.

57 조너선 라우시(Jonathan Rauch), 조미현 옮김, 『지식의 헌법: 왜 우리는 진실을 공유하지 못하는가』(에코리브르, 2021), 274쪽.

58 조너선 라우시(Jonathan Rauch), 조미현 옮김, 『지식의 헌법: 왜 우리는 진실을 공유하지 못하는가』(에코리브르, 2021), 314쪽.

59 박권일, 「메시지와 메신저」, 『한겨레』, 2020년 9월 11일.

60 박진영, 「교황, '취소 문화' 위험 경고…"표현의 자유 없는 이념적 식민지화"」, 『세계일보』, 2022년 1월 11일; 「Cancel culture」, 『Wikipedia』.

61 슬라보이 지제크, 「윤리적 쇠퇴의 명백한 징후들」, 『한겨레』, 2022년 12월 26일.

62 임명묵, 「사회적 합의 영역 좁히고, 갈등 증폭시키는 '캔슬 문화'」, 『시사저널』, 2022년 6월 29일.

63 김수현, 「싱가포르, 'SNS 왕따' 방지법 추진…반대파 탄압 도구화 우려」, 『동아일보』, 2023년 5월 15일.

인문학과 손잡은
영어 공부 2
© 강준만, 2024

초판 1쇄 2024년 3월 13일 찍음
초판 1쇄 2024년 3월 20일 펴냄

지은이 | 강준만
펴낸이 | 강준우
기획·편집 | 박상문
표지 디자인 | 강지수
마케팅 | 이태준
인쇄·제본 | (주)삼신문화

펴낸곳 | 인물과사상사
출판등록 | 제17-204호 1998년 3월 11일

주소 | (04037) 서울시 마포구 양화로7길 6-16 서교제일빌딩 3층
전화 | 02-325-6364
팩스 | 02-474-1413

www.inmul.co.kr | insa@inmul.co.kr

ISBN 978-89-5906-742-8 04300
     978-89-5906-739-8 (세트)

값 18,000원